JN439276

물 소리 사람 사는 소리

물소리 사람 사는 소리

임형묵 수필집

수필과비평사

| 책을 내면서 |

감수성이 예민한 사춘기 시절에는 사랑의 편지를 도맡아 써주었을 정도로 글 쓰는 것을 좋아했습니다. 졸업하고 나서도 고교 동창생들과 문집까지 냈는데 대학에서는 그 분야와 밀접한 공부를 하지 못했고, 사회생활에, 가정을 꾸미랴, 밥벌이하랴, 정신 없이 시간을 보냈습니다. 글과 멀리 있는 생활이 이어졌습니다.

그런 일상이 계속되다 보니 가슴은 허전했습니다. 늘 비어 있는 듯했습니다. 주정뱅이마냥 비틀거리는 삶 속에서 눈이 퉁퉁 붓도록 방황도 했습니다. 그냥 나이만 먹어간다는 죄책감까지 들었습니다.

그렇다고 무엇으로 가슴의 멍을 긁어내나 고민을 해보았지만 답이 나오지 않았습니다. 채워도 채워지지 않고 뻥 뚫려 있는 듯한 공허함이 저를 괴롭혔습니다. 그래서 얼마 동안은 운동에 전념했습니다. 그러지 않고는 견딜 수가 없었습니다. 그래도 속은 채워지지 않았습니다. 어느 것 하나 나를 안정시키지 못했습니다.

그리고는 먼 곳으로 발령 나 가족들과 떨어지게 되었습니다. 적적한 방안에 홀로 남겨졌습니다. 밤하늘을 보며 별을 세고 레일 위를 스치는 기적에 몸을 맡기는 시간이 많아졌습니다. 그런 회유와 번뇌의 시간이 지나자, 지나온 길이 조금은 보이기 시작했습니다. 차츰차츰 내 자신을 알아갔습니다. 그러던 어느 날, 글을 써야겠다는 생각이 몰려왔습니다. 그 순간 가슴속이 뭉클하였습니다. 가슴속에 묻혀 있던 보물을 건져 올렸으니까요. 글을 그리워하던 옛날의 기억을 찾아냈으니까요. 이제야 지나온 시간을 용서할 것 같았습니다.

그때부터 글에 미치면서 정신없이 좌판을 두드렸습니다. 글이 되든 안 되든 상관 안했습니다. 내 주변의 얘기든 다른 사람의 입김이든 간에. 지나온 시간의 얼룩까지 토해냈습니다. 혼자만의 시간에 밤하늘의 별이 아름답다는 것을 알게 되었습니다.

"문학은 인생이다."를 들먹거리지 않더라도 글을 쓰면 마음이 편했습니다. 그 속에 묻혀 있는 동안은 행복합니다.

그 동안의 작품이 내게는 소중하지만 독자들은 어떻게 받아들일지 궁금합니다. 늘 부족한 걸 느끼면서 준비한 글이기에 머뭇거리기도 여러 번. 그렇지만 문단의 여러 지인들이 격려와 용기를 주시어 조심스레 발걸음을 내디뎌 봅니다. 지상의 독자들이 제 글을 읽으면서 과감히 채찍해 주심을 알기에 말입니다.

노란 꽃을 피우는 산수유나무는 거센 바람 불어도 소녀의 머리칼처럼 잔잔하게 꽃잎 흔들며 조용히 봄을 받아들입니다. 다른 나무들보다 먼저 꽃을 피우지만 자만해 하거나 우쭐해 하지 않습니다.

이 책이 나오기까지 따뜻한 관심으로 이끌어주고 용기를 준 문단의 선후배님들에게 감사드리고 곁에서 도와준 가족들에게도 고마움을 전하고 싶습니다. 끝으로 제 책이 세상에 나올 수 있도록 도와주신 『수필과비평사』의 서정환 사장님께도 감사의 마음을 드립니다.

2007년 봄 한가운데서

저자 임형묵

책머리에 ● 03

1_386의 시간 속에서

9988234 ● 10

행복한 우동가게 ● 14

어찌 이런 일이 ● 18

장돌뱅이 ● 23

386의 시간 속에서 ● 27

그녀 ● 32

다 버릴 일만은 아니다 ● 36

새끼발가락이 전하는 말 ● 39

주부가 된 휴일의 하루 ● 42

절름발이 둘 ● 46

2_물소리 사람 사는 소리

물소리 사람 사는 소리 ● 52

선물 ● 56

신문지와 고양이 ● 58

도마뱀의 한계 ● 62

어디까지 가는 걸까? ● 65

너도 그런 곳에 한번 살아 봐 ● 68

삶 ● 71

도로 돌려주고 나서야 ● 75

무풍지대(無風地帶) ● 78

인생 80고개 ● 81

4_날달걀 맛을 아세요

지금 내 고향은 ● 124
할아버지의 경제원리 ● 128
외기러기 ● 132
남국의 햇볕을 주소서 ● 135
가족에게서 멀어지는 연습 ● 138
혼자 사는 사람의 아침 ● 141
날달걀 맛을 아세요? ● 144
아내라는 이름표 ● 148
아버지의 눈물 ● 151
똥개 ● 154

3_봄을 가장 좋아하는 이유는

봄을 가장 좋아하는 이유는 ● 86
봄의 한가운데 ● 89
봄날에 이렇게 눈이 내리는 것은 ● 93
백화산 가는 길 ● 96
봄비가 내리는 아침 ● 100
무심결에 떠난 여행 ● 103
메밀꽃은 피었는가 ● 106
가을이 멀어져 가는 풍경 ● 111
겨울이 남기고 간 건 ● 114
눈 내리는 밤거리를 걸으며 ● 118
나 홀로 눈길에 ● 120

5_꽃은 꺾여져도 피는데

연탄난로와 아이 ● 160

제비 ● 165

꿈꾸지 못하는 아이들 ● 169

가위바위보 게임 ● 173

봄볕을 먹고 사는 아이들 ● 176

그 시절 그 노래 ● 180

어느 학교의 이색 졸업식 ● 184

애들은 파도를 닮아간다 ● 187

꽃은 꺾여져도 피는데 ● 190

빈 방 ● 193

6_부족한 것이 아름답다

부족한 것이 아름답다 ● 198

나도 떠나고 너도 떠나야 하는데 ● 201

그녀의 결혼식 ● 205

약속을 지킬 줄 아는 사회 ● 207

새해 아침에 ● 209

제야의 종소리가 울려 퍼질 때 ● 211

긍정적인 삶을 살자 ● 214

언변술은 미래를 위한 식량 ● 217

한국 젊은이들의 힘 ● 220

우표를 사려는 마음 ● 223

머물 수 없는 공간 ● 226

어느 간호사의 눈물 ● 229

1_ 386의 시간 속에서

9988234

행복한 우동가게

어찌 이런 일이!

장돌뱅이

386의 시간 속에서

그녀

다 버릴 일만은 아니다

새끼발가락이 전하는 말

주부가 된 휴일의 하루

절름발이 둘

▌대청호 갈대

9988234

업무보고를 하는 자리, 예산을 브리핑하는데 숫자에서 막힌다. 천억인가, 백억인가 분간하려 해도 마음만 급하다. 속으로 천 · 만 · 십만… 헤아려 보지만 입에서만 뱅뱅 돌 뿐이다. 민망하다. 숫자 속에서 하루라도 떠나 살지 않았는데 이게 무슨 망신인가. 경京이나 해垓라면 모를까, 조兆도 안 되는 낮은 금액의 단위에서. 안개 속을 걷는 것 같고 미로 속에서 앞뒤가 막힌 형국이다. 예능 분야에 소질이 없는 대신 남다른 계산 능력을 주신 걸 여태 고마워하며 살아왔는데 원숭이가 나무에서 떨어지는 꼴이다. 성곽이 무너져 내릴 때의 절망감. 등허리에선 식은땀이 줄줄 흘러내리고 얼굴은 화끈거린다. 전 소주 냄새를 풍긴 것 같아 얼른 그 자리에서 벗어났으면 했다.

'9988234.'

위에 적힌 숫자를 봐도 한눈에 들어오지 않는다. 몇 자리 되지 않는데도 단번에 금액을 읽을 수가 없다. 자릿수를 구분하는 콤마(,)표시를 해놓지 않아 더더욱 그렇다. 앞에서의 뜨끔한 자리처럼 1부터 끝자리의 단위까지 속으로 세어야 할 것 같다. 자릿수가 크다면 더 곤혹을 치를 것은 분명한 일. 이처럼 읽기 쉬운 만 단위를 놔두고 왜 불편한 천千 단위를 고집하는가. 만 단위(1,0000)로 하면 읽기도 쉽고 셈하기도 쉬운데.

우리나라에서 숫자의 구분 단위로 처음부터 천千을 택한 것은 아니었다. 미국을 비롯한 영어권 국가에서는 영어식으로 읽기 편하게 세 단위마다 콤마를 찍어 구분해 왔지만 우리는 그전부터 만萬 단위를 사용해 왔다. 그러다 6 · 25 동란이 발발하자 미국식 문화가 밀려들어 오고 셈 단위도 그때 끼어들었다. 미국의 숫자 단위를 조금만 눈여겨보면 금방 답이 나온다. 그들의 숫자 단위엔 '만'이 없다. One · Ten · Hundred · Thousand 다음에 곧바로 백만 단위인 Million이 등장한다. 만은 알다시피 Ten thousand, 십만은 One hundred thousand이다. 결국, 힘의 논리에 의해 생활의 편리함까지 내주고 만 꼴이다.

어디 서양 문화에 흡수된 게 이것뿐이겠는가. 최근 젊은이들의 기념일을 보라. 2월 발렌타인데이부터 행진은 시작된다. 일단 로마시대로 돌아가 보자. 황제의 허락도 없이 젊은이들의 결혼을 승낙한 죄로 발렌타인은 순교를 당한다. 사람들은 그 뜻을 기리고자 축일로 정해 서로 선물이나 연애편지를 주고받으며 사랑을 확인한다. 그런데 우리나라 젊은이들은 어찌 그날의 고귀함을 알아챘는지 2월 14일이 되면 서양 사람들보다 더 안달을 한다. 그 보답으로 3월 14일 화이트데이엔 사탕을 선물하고, 4월 14일엔 이도 저도 차지하지 못한 사람들끼리 자장면을 먹으며 외로움을 달래기도 한다. 연인을 구하지 못하면 노란 옷을 입고 카레를 먹어야 독신을 면한다는 옐로데이도 있다. 5월 그날이 오면 아내에게 절이라도 꾸벅해야겠다. 그 밖에도 둘이 사과한다는 애플데이, 사진을 찍고 서로 나눠 갖는 포토데이, 사랑을 키워나가는 와인데이, 영화를 보고 오렌지주스를 마시는 오렌지데이도 생겨났다. 장사꾼의 상술이 어지간히 작용한 듯하다. 그래도 조류독감의 피해를 줄이고자 오리고기나 닭고기를 먹는 날까지 만들려고도 했던 것은 다행스럽다.

지금의 나이를 생각해 본다. 삼팔선을 지나 사오정의 산통까지도 견뎌냈다. 축복받은 계층이다. 그런 축복 속에 젊은 연인들이 만들어 놓은 날을 즐기면 좋으련만 끼어들 생각조차 않는다. 모르는 척하고 아내의 옆구리를 슬쩍 긁어주면 좋으련만 그런 날들이 오면 아예 선물을 서로 주고받지 말자며 강요 아닌 강요를 한다. 나의 이런 경우를 말하자, 젊은 여직원들은 나무라기까지 한다. 하긴 그들이라고 가릴 것, 못 가릴 것을 모르겠는가. 붉은 광장에서 마음을 달구는 함성으로 나이 먹은 세대까지 동참시킨 이들이 아닌가. 하루하루의 일과 속에서 그들만의 문화를 만들어 즐기는 젊은이들의 사고는 기특하다. 한 치 앞도 내다볼 수없는 변화무쌍한 현실 속에서 버텨 내는 것만으로도 고마운 일이다. 어두운 경제의 터널을 벗어나려는 그들을 이제는 봐줄 만하지 않는가. 스스로 '끼인 세대' 라고 자책 하지도 말자. 시대가 변하고 속해 있는 문화의 터전도 변해가니 선조 때부터 내려오는 각종 기념일을 챙기고 숭배하라고만 할 수 없다. 그들의 지혜는 살 만하다. 우리 것만 하라고 강요하는 것은 어찌 보면 슬픈 일이다. 그들은 숨 막히는 순간들을 녹여내려고 14일의 기념일을 만들어냈다. 또, 3월 13일 삼겹살데이, 11월 11일 빼빼로데이로 숫자 영역을 넓혀간다. 아마 더 힘든 세상이 오면 달력엔 온갖 기념일로 채워가면서 이겨낼 것이다.

숫자에 노이로제에 걸려 살면서도 사는 날까지 구구 팔팔하게 살았으면 좋겠다. 그러다 주변 사람 속 썩이지 않고 그저 이삼일 앓다가 죽으면 좋으련만 하고 엉뚱한 생각을 해본다.

(2006. 월간 에세이, 창간 19주년 기념 5월호)

행복한 우동가게

낙엽이 져가는 '시인공원' 옆에 행복한 우동가게가 있습니다. 문을 열자마자 가게의 풍경에 놀랐습니다. 충주에 사는 지인들과 같이 그곳을 찾았는데 도심에 이렇게 정취 나는 곳이 있나 하고 의아해했습니다. 우동가게에 우동만 있는 것이 아닙니다. 우동가게라고 믿어지지 않았습니다. 도서관이나 쉼터로 착각이 들 정도로 테이블 사이사이엔 온갖 종류의 책들이 꽂혀 있고 메모지도 보였습니다. 우동을 먹기 위한 테이블에도 낙서로 가득했으며 벽이며 천장 심지어 밖으로 나 있는 화장실까지 인생을 살면서 느낀 세상 이야기들이 조그마한 틈도 허락하지 않은 채 꼬리에 꼬리를 뭅니다. 사람들이 가게를 다녀가면서 문득문득 떠오르는 순간의 상념들을 적은 것인데 막걸리 냄새가 진동을 하고 한숨소리가 들려옵니다. 누구나 들러 인생을 노래하고 세상을 조아리면서 써놓은 글, 그것은 인생의 진리, 깨달음입니다. 배꼽을 움켜쥐는 풍자와 아픔이 묻어나는 흔적입니다.

여주인은 공원에 즐비한 느티나무를 무척이나 좋아했습니다. 대낮 손님이 없을 땐 공원으로 나가도 심심하지 않았습니다. 세월이 야속하면 밀가루를 뒤집어쓴 채로 달려가 행주치마에 눈물을 닦으며 자신의 속 얘기도 털어놓았습니다. 같이 별을 바라보며 달빛도 모았습니다. 서럽도록 시린 사랑이나 지난날의 살가움이 생각나면 늦은 시간까지 느티나무의 허리를 잡았습니다. 그럴 때마다 느티나무는 힘들어하는 그녀를 위로하며 다독거렸습니다. 지난 세월을 후회하지 말고 바람에 흔들려서도 안 된다고 감싸 안았습니다. 전에 술주정하며 다녀간 사람 미워하면 뭐하냐 하며 얼굴에 흐르는 눈물도 닦아주었습니다. 손에 물 한 방울 묻히지 않던 그녀였기에, 꽃 모자 쓰고 나비처럼 날던 그녀였기에 더욱 애처로워 어찌할 줄 몰라 했습니다.

몇 년 전 그녀에게도 모진 시련이 있었습니다. 경제 한파로 남편의 잘 나가던 사업이 하루아침에 물거품이 된 겁니다. 평온했던 집안은 순식간에 쑥대밭으로 변해가고 같이 일하던 사람들조차 나 몰라라 하며 하나 둘씩 떠나갔습니다. 어디 하나 의지할 데가 없었습니다. 있는 것 다 내주고 입에 풀칠할 것도 없이 밖으로 나앉아야 했습니다. 하늘이 캄캄해지고 희망마저 없는 듯했습니다. 그렇다고 그냥 주저앉을 수는 없었습니다. 어떻게든 살아남아야 했기에 갖은 궁리를 한 끝에 충주의 한 공원 옆에 자리한 초라한 집을 세내어 우동가게를 연 겁니다. 알고 보면 세상에 얼굴을 내밀 수 없어 밀가루 포대 속에 몸을 숨긴 거지요.

가게를 열고 나서도 한동안 후유증으로 시달렸습니다. 갈등도 겪어야 했고 방황도 했습니다. 그렇지만 지금은 후회하지 않는답니다. 만나야 할 사람만 만날 수도 없거니와 만나지 말아야 할 사람도 자신의 의지와는 상관없이 만날 수밖에 없다는 세상의 이치를 알고 난 다음부터는 웃 음을 잃지 않고 우동가락을 뽑아낼 거랍니다. 지는 낙엽이 가을이 떠나감을 아쉬워할 때마다, 이름 없는 시인들의 발걸음을 붙들기 위해서라도 따끈한 국물에 청주 한잔 담아내면서. 그렇다고 우동만 만들어 내지는 않는답니다. 몇 평 안 되는 초라한 가게에서 밤하늘에 별을 수놓으며 느티나무를 벗삼아 소설도 같이 담아낼 거랍니다. '내 손으로 뽑아낸 우동가락은 얼마나 길까? 그 우동가락을 이어가면 세상 모든 곳으로 갈 수 있지 않을까? 산도 넘고 강도 넘어서 세상 끝까지…….' 그렇게 날마다 밀가루 반죽을 하면서 사람들이 들려주는 자질한 이야기들을 받아 적어 놓았다가 조미료도 넣지 않고 화장도 하지 않은 길고 긴 면발로 뽑아낼 거랍니다.

환상의 섬

각기우동 집에 오면 안 된다.
아주머니가 피곤하시다.
피곤하신 아주머니를
더 피곤하게 해서는 안 된다.
네가 피곤할 때 나한테
우동을 말아주지 않을 터.

꿈속에서도 우동을 끓인다는 그녀가 좋아하는 글입니다. 일에 지쳐 깜박 잠이 드는 바람에 손님을 제대로 챙기지도 못했는데 우동을 먹고 난 손님은 주인의 행동에 아랑곳하지 않고 그 자리에 글을 남겨 놓았더랍니다. 피곤해 하는 주인 여자를 위해 가게에 오지 말자는 파격. 환상의 섬일지라도 곤히 잠든 여인을 깨우면 미안할까 하여 조심스러워하는 마음. 주인을 배려하는 애정이 묻어납니다.

처음이지만 처음이 아닌 듯합니다.
보지 않은 얼굴이지만
어디서 많이 본 듯하여
지갑을 열면서도
이곳에 또 와도 되느냐고 묻지 않았습니다.

가슴이 얼얼해지고 속이 채워져도 행복한 우동가게에서 나오고 싶지 않았습니다.

(2004. 청풍문학 제8집)

어찌 이런 일이!

전화벨이 울린다.

나한테 용건이 있거나 나를 필요로 하여 오는 전화는 아니겠지만, 집안에 나 홀로 있으니 어쩔 수 없이 수화기를 집어 든다.

애들도 조금 컸다고 '쇼핑을 하러 시내에 가자, 만나서 공차고 놀자.' 하며 전화를 하지만, 집으로 오는 대부분의 전화는 아내를 찾는 전화다.

완이, 영이, 석이 엄마하고는 자녀들 교육 문제나 '노래 교실' 얘기로 전화통이 불이 나고, 신랑이 우체국을 다니는 애 엄마 친구는 부부 싸움이 잦아 아내한테 하소연하려고 가끔가다 전화를 걸어오기도 한다.

서울에 사는 처제는 심심해 하는 언니 위로해 준다는 핑계로 하루가 멀다 하고 전화를 해댄다.

그러다 보니 대부분의 전화는 아내가 독차지한다. 안부 전화나 급한 일이 있어 집으로 전화를 하면 무슨 할말이 그렇게 많은지 휴대폰으로 연결을 하여야 할 때가 종종 있다.

올해 고등학교에 들어간 큰애가 참고서와 자습서를 사려고 우암초등학교 옆에 있는 헌 책방을 간다 하니까 아내도 따라 나선다. 중학교에 다니는 딸애도 시내에 가면 제 몫으로 '떡고물'이라도 생길 것 같은 기대감에 같이 간다 한다.

직장 생활 때문에 '주말부부'가 된 나로서는 모처럼 만에 가족들과 같이 얼굴 비벼가며 이런 얘기 저런 얘기 나누려 했는데, 나만 빼놓고 자기네들끼리 쏙 나가니 서운하기도 하다.

그렇지 않아도 매일 떨어져 있는데 '주말까지 혼자로구나.' 생각하니 화가 나기도 한다.

하긴, 아침부터 봄비가 오락가락하며 날씨도 고르지 않아 신문사에서 부탁한 원고를 마무리할 생각으로 밖으로 나가자 하는 청을 사양하였지만.

"여보세요." "네. 저 401호여요. 애 엄마 있어요?" 전화를 해오는 아낙네의 목소리가 떨려온다. 평상시와 다르게 흥분하면서 톤을 높인다.

"없어요. 애들하고 시내를 나갔는데, 아직 돌아오지 않네요. 무슨 일 때문에……."

말이 끝나기도 전에 401호 여인은

"애 엄마가 1등에 당첨돼 냉장고 탔어요. 백만 원짜리 김치 냉장곤데, 왜 안 왔어요?"라며 안달한다.

"뭐라고요. 1등에 당첨됐다고요?"

나도 흥분이 되는지 떨리는 목소리로 대꾸하면서 전화기를 귀에 더 가까이 가져간다. 아니 그렇다면, 우리 집에 경사가 났다는 말인가?

'솔마트'에서 고객 사은 행사로 경품 추첨을 하여 당첨됐다는 얘긴

데, 그것도 1등으로 말이다. 하지만, 추첨 현장에 당사자가 나타나지 않아 그 행운이 다른 사람에게 넘어갔다는 얘기를 한다.

아니, 이게 무슨 날벼락인가? 따스한 봄기운이 도는 일요일 정오에 우리 집에만 날벼락이 쳐대니 말이다. 아! 통탄할 일이로구나. 굴러온 복을 놓치고 말았으니.

전화가 끝남과 동시에 현관 벨이 울린다. 밖에서는 문을 빨리 열지 않고 뭐하고 있냐 하며 화를 내는 것 같은 웅성거림이 들려온다. 사람들이 몰려오나 보다.

앞집 여인이 현관으로 들어서며 경품 얘기를 이어간다. 우리 작은딸애가 경품 추첨 후 충격을 받아 지금 방에 누워 있다 한다. 그 때 상황을 중계방송이라도 하려는 듯 자기 딸애가 한 말을 내게 대신 전한다.

2등 세탁기 추첨이 끝나고 1등 당첨 번호를 호출하는 순간 "신동아 아파트 8동 ……12층." 이라고 하니, 앞집 딸아이는 100% 자기네 집이 당첨될 것이라 확신하였나 보다. 그러나 기대하는 맘과 다르게 1등 당첨자는 자기 집이 아닌 우리 집을 부르니 혼비백산魂飛魄散하였다 한다. 그때의 충격으로 방안에 누워 끙끙거린다 하니 이걸 어쩌란 말인가? 그 충격이 우리 집만 아니라 일파만파로 동네 전체에 번지고 있으니.

"복이 호박 넝쿨째 들어왔는데 굴러온 복을 제 발로 차버리다니, 아이고 아까워라. 어디 그런 복이 쉽게 오느냐."며 자기 일처럼 흥분을 가라앉히지 못하고 발만 동동 굴러댄다.

오늘 아침 나는 '이회창' 후보가 대통령으로 당선되었다는 꿈을 꾸었다. 대통령선거가 이미 끝났는데 참으로 이상한 일이었다. 대통령 꿈을 꾸면 좋은 길조라 하나, 꿈이 하도 의아해 대수롭지 않게 생각하고 아내에게조차 꿈 얘기를 하지 않았다. 혹시나 해서, 요즘 유행하는 '로또복권' 이나 사 볼까? 속으로 혼자 되뇌기는 했지만 그 꿈이 행운을 가져다주는 꿈이었단 말인가?

아내가 돌아오나 보다. 시계 바늘은 오후 5시를 넘어서고 있다.

"축하해요. 축하해."

갑작스레 던지는 나의 말에 아내는 멍하니 내 얼굴만 쳐다본다. 아직 그 소식을 모르고 있는 걸 보니 집으로 오면서 어떤 동네 아낙도 만나지 않은 것 같다.

"뭘요? 뭘 축하해." 영문도 모르는 아내는 나에게 되묻는다. 경품 추첨 얘기를 하니 그때서야 생각이 난 듯 아내는 아연실색啞然失色하며 털썩 주저앉는다. 금방 쓰러질 것만 같다.

집에 김치 냉장고가 있는데 경품으로 받아오면 2개씩 뭐하느냐 하며 아내를 위로해 보지만 아내는 거실 바닥에 털썩 주저앉은 채 어찌할 줄을 모른다. 시내를 가지 않았어야 된다느니, 큰놈이 참고서 사자고 조르지만 않았어도 하며 아쉬워한다. 코앞에 있는 마트 내버려두고 오늘따라 시내로 왜 갔느냐 하며 식구들의 원망은 그치질 않았다. 아내는 딸애가 조르는 바람에 장을 보러 시내로 가게 되었다고 투덜거리며 "아이고 웬수야." 하며 딸애 머리에 냅다 꿀밤을 먹인다.

내가 아침의 꿈 얘기를 하니, 아내는 왜 그런 꿈 얘기를 하지 않았냐 하며 나를 원망한다. 대통령 꿈을 꾼다는 것은 행운을 가져다주는 길몽인데, 어찌 그런 꿈 얘기를 부부지간에도 하지 않은 이유가 뭐냐며 따지고 든다. 먹이를 노리는 매의 날카로운 눈빛으로 나를 쏘아보면서 금방이라도 나를 어찌할 것 같은 태도다.

가족들 모두 나에게 으름장을 놓아댄다. 오늘 일은 누구나 할 것 없이 조금씩 잘못이 있다는 생각이 들기도 하는데 왜 나한테 집중 공격을 하는지 모르겠다. 모든 것이 뒤죽박죽이 되어 집안은 온통 아수라장으로 변해간다. 어찌되었든 가장인 내가 어려운 난국을 수습하여야 하는데 좋은 비책이 떠오르지 않아 곤혹스럽다.

"사람들은 태어날 때 지 복福은 지가 갖고 태어나는 거야. 우리에게도 이보다 더 큰 행운이 찾아올 거야. 조금만 기다려 보자고."

가족들한테 위로의 말을 하지만 다들 벌레 씹은 얼굴을 하고 멍하니 하늘만 쳐다본다.

아내는 체념을 하며 현실을 받아들이려는 듯 작년 얘기를 꺼낸다.

"하긴 작년에도 승용차가 걸린 경품 추첨 때에도 어린애가 나오는 바람에 그 행운이 다른 사람에게 돌아갔었지. 복은 아무한테나 오는 게 아니고 임자가 따로 정해져 있는 건가?" 하며 자기 자신을 위로한다.

저녁을 먹으면서도 가족들은 여전히 말이 없고 얼굴 표정도 무거워 보인다. 밥을 먹는 건지, 모래알을 씹는 건지 입맛이 없다 한다. 아내는 몇 숟갈 뜨다 식탁에서 물러난다. 잠자리에 들면서도 잠이 오지 않는지 밤새도록 뒤척이다 새벽이 되어서야 잠이 드는가 보다.

(2003. 5. 문학21)

장돌뱅이

한가한 일요일 오후, 모처럼 만에 맞는 한잠의 쉼이다. 그런데 주변이 시끄러워 밖을 나와 보았다. 아파트 위쪽에서 들려오는 소리로 봐선 전단에서 본 슈퍼마켓 개업일이다. 지난번 사은행사 때 추첨 당일 아내는 그곳에 있지 않아 김치냉장고를 차지하지 못했는데, 이번마저 행운을 놓칠 수는 없다.

누구나 같이하면 안 된다고 뜯어말렸을 텐데 세 사람이 서로 마음을 믿고서 시작했던 동업. 2~3년을 버티지 못하고 한 사람이 돈을 쓸어 담아가 버렸다. 동네 주변 사람들마저 안됐다고 가슴을 쓸어내렸다. 지갑을 열지 않는 사람들이 늘어나기에 인간을 탓하기에는 너무나 야속한 세월. 먹고살기 어려워 서로 뜯어 먹는 세상. 그렇다고 한 이불 덮던 사람들을 외면하고 들쳐업고 나가야 하는가. 죄만 미워하고 사람은 미워하지 말라고. 어찌 죄만 미워하란 말인가! 세상은 공평하다 하지만 믿을 게 못 된다. 불쌍한 중생들이 거리를 쏘다니는 걸 보면서도 언제나 제로섬 게임을 유도한다. 믿지는 장사가 더 흔하다. 여하튼 석양이 넘어가고 시대가 가면 또 다른 주인을 맞이하는 법.

한동안 문이 닫혀 있다가 주인이 바뀌어 연 거라 슈퍼는 개미떼처럼 사람들이 몰려왔다 밀려난다. 오후의 시간이 흥건하다. 옛 주인의 가슴앓이는 없는 듯했다.

속사정을 모르는 엿장수만이 흥을 돋우며 무대를 누빈다. 알고 보니 지난여름 대천해수욕장에서 만났던 엿장수다. 이장 저장 떠돌아다니며 웃음과 눈물을 뿌리는 장돌뱅이가 어찌하다 이곳까지 흘러들었을까? 온몸의 열정으로 노래를 부르며 춤을 춰대 그 후텁지근한 여름밤을 잘도 넘겼었는데도 엿 하나 테이프 하나 사 주지 않아 마음이 좋지 않았었다. 어찌됐건 벌건 대낮에 만나니 떨어져 있다가 만난 가족의 얼굴처럼 무척이나 반갑다. 얼굴 표정하며 몸동작이며 구성지게 흐느끼는 노랫가락도 변함이 없다. 얼굴에 분칠을 한 모습과 누런 적삼에 너덜너덜한 잠방이까지 예전 그대로다. 그런데 오늘은 무거운 요강을 거시기 앞에 매달고 흔들거린다. 지난여름엔 엽전을 차고 사람들 속을 파고들더니만 오늘은 아줌마들이 모이는 슈퍼라 그런가.

엿장수의 가위짓거리가 이어진다. 걸쭉한 농담에 분위기가 무르익어간다. 무안하게끔 사방에다 냅다 궁둥이를 흔들어대는가 하면 잠방이를 덥석 까 내리기도 한다. 아낙네들의 얼굴의 붉어진다. 빠져서는 안 될 안주지만 보기에 흉하다. 검정 속곳엔 '박수' 라는 하얀 글자가 큼지막하게 박혀 있다. 씁쓰름한 기분이 먼저 든다. 해학이 섞여 박수가 터지니 그나마 다행이지만.

그 시끄러운 군중 속에 얼굴을 내밀고 있는 또 한 사람이 있다. 코미디언이면서 간간이 단막극에 얼굴을 내밀었던 청주가 고향인 40대 탤

런트 B. 한때는 그도 잘 나가던 사람이었다. 생김새가 그렇지만 말재주가 좋아 사람들은 그를 보면 배꼽을 움켜잡으며 TV 앞에서 떠나지 않았다. 그랬던 그가 지금은 아줌마들의 농한 몸짓을 받아내고 있다. 엿장수의 후광을 등에 업은 채 햇볕 가리개도 없는 초라한 무대에서 이마를 불태우며 쑥스러움을 감추고 있다. 세월이 야속하다 말하겠지만 너무나 그늘로 밀려나 있다. 얼마나 자기 처지가 처량했으면 '그래도 단막극에서 가끔가다 얼굴을 비춘다.' 며 물어보지도 않은 말을 해오는가.

지난해에는 모 아파트 모델하우스에서 사람들을 끌어 모으던 왕년의 코미디계의 대가인 L 아무개를 보았다. 여동생도 탤런트로 이름이 너무나 알려져 있다. 그 사람이 텔레비전에 모습을 드러내기라도 하면 시청자들은 깜빡 넘어갔다. 그가 보이는 웃음과 재치에 넋이 나가 자리를 뜨지 못했다. 사람들은 그를 보면서 일주일의 피로를 풀어냈다. 그렇게 유명세를 탔었던 그가 지금은 웃음을 팔지 않고 몇 평도 안 되는 무대에서 아파트를 팔고 있다. 사람들을 찾아 나선다. 그 사람을 더 초라하게 만드는 건 구경 온 사람들이 그를 외면한다는 것이다. 예전의 명성은 어디로 갔는지 알아주지도 않았다. 모여든 사람들에게 사인을 해대지만 악수 한 번 하자 달려들지도 않았다.

누구나 다 예외일 수는 없다. 나 또한 한운야학寒雲野鶴하다가 한단지몽邯鄲之夢할지도. 어느 한순간에 서산에 해지는 걸 보고 후회할 날이. 자기의 무대를 주름잡다가도 헛다리를 짚거나 미끄럼을 당한 사람이 얼마나 많은가. 생과 사를 등에 업고 같이 동업을 하다가 어느 순간에 배신을 당한 옛 슈퍼 주인도 설마 오늘 같은 일이 일어나리라고 꿈엔들 생각했으랴. 승진 안됐다고 탓만 하는 동료들이 있는데 그러한 사람들은 그렇게 세상 탓만 하고 달력을 넘겨갈 것이다. 허름한 곳에서 해장국 장사를 하던 사람이 자리를 옮겨 덩그렇게 건물을 지어도 배 아파 손가락질을 하니 말이다. 조금이라도 방심하면 아래서 치고 올라오거나 윗사람에게서 찍어 누름을 당하는 것도 흔한 일이다. 주변의 열기 때문에 주눅이 들거나 자기 인생에 변화를 주지 못해 스스로 무대를 떠나는 사람도 부지기수이다. 여하튼 있는 동안이라도 열심히 살아야 하는데 어찌 이리 몸과 마음은 점점 게을러지는지.

한참을 엿장수 가락에 젖어 있는데 전번 직장에서 근무했던 퇴직한 교감선생이 인사를 하며 다가왔다. 반갑긴 하지만 그나 나나 겸연쩍다. 심심함을 이기지 못하여 나왔다고 하나 그가 더 심심한 눈빛이다. 서녘 하늘로 넘어가던 석양이 시름에 잠긴 코미디언의 얼굴에 한참이나 머물러 있다.

그래도 엿장수는 뭐가 그리 신이 나는지 흥얼거리며 그 무거운 요강을 흔들어댄다.

386의 시간 속에서

우리 일행이 '쉘브르'를 가기 위해 용암동을 찾은 시간은 저녁 8시가 조금 넘어서이다. 밤낮을 구별하기 어려울 정도로 사람들로 넘쳐나고 상점에서는 형형색색의 불빛을 내뿜는다. 자동차의 굉음도 만만치 않다.

이 지역은 2000년을 기점으로 도시 개발이 급속도로 이루어진 신흥개발지로 다른 지역보다 도시의 움직임과 변화가 놀랍다. 남북으로 가로지른 6차선 도로를 경계로 한쪽은 주택 지역, 다른 한쪽은 유흥 지역으로 나누어진 청주에서 제일가는 상권商圈이다. 청주에 살면서도 한동안 이 지역을 찾지 않거나 무관심하면 목적지를 물어서 가거나 아는 사람을 동행해야 한다. 그렇지 않으면 길에서 헤매기 일쑤고 도시 촌놈이 되는 것은 시간문제다. 하루 저녁 자고 나면 건물이 하나 둘씩 들어설 정도로 도시의 발전은 초를 다툰다.

'쉘브르'에 들어서니 사람들이 가득하다. 주로 30대 후반에서 40대

중년들이다. 테이블 한쪽에선 80년대 추억을 되새기려는 듯 잔을 홀짝 홀짝거린다. 생일을 맞은 사람들이 케이크를 자르고 샴페인을 터뜨려가며 한바탕 논다. 이런 곳에 오면 생일을 맞은 사람이 왜 그렇게도 많은지.

천장에선 원형의 샹들리에가 온갖 색을 뿜어대며 분위기를 고조시키고 매니저는 통기타 가수들의 히트 곡을 기타 줄에 싣는다. 벽에는 나그네가 저녁노을이 물든 시간에 검은 외투와 모자를 푹 눌러 쓴 차림으로 담에 기대 궐련을 물고 있는 사진과 희미한 불빛 아래서 색소폰을 불고 있는 음악가의 사진이 나란히 걸려 대조를 이룬다. 홀의 천장엔 하얀 우산을 거꾸로 매달아 놓았다. 이국적으로 다가왔다. 프랑스 노르망디 항구도시 쉘브르를 배경으로 한 영화, 〈쉘브르의 우산〉이 펼쳐진다.

쉘브르 우산 가게의 딸 쥬느비에브는 같은 마을 자동차 정비공장에서 일하는 기이와 사랑을 나누며 장래를 약속한다. 그러다 기이가 군대에 가 소식이 멀어지자, 보석상 주인 로랑카사르와 내키지 않는 결혼을 한다. 하지만, 가난에 쫓겨 결혼을 한 거라 사랑에 괴로워하며 세상을 살아간다. 나중에 주유소에서 옛사랑을 만나지만 뒷모습만 바라보며 떠나는 이에게 손 한번 내밀지 못한다. 슬프면서도 운명적인 사랑을 주제로 한 영화.

무대에선 무명 가수가 80년대의 노래를 부른다. 전영의 〈어디쯤 가고 있을까〉, 조용필의 〈그 겨울의 찻집〉, 가끔가다 열기를 모으고 흥을 돋으려고 김종찬의 〈토요일은 밤이 좋아〉를 섞는다. 일행들은 음악에 젖어 몸을 들썩들썩한다. 박수를 치며 흥얼거리고 리듬에 따라 발바닥을 구른다. 손바닥으로 테이블을 두드려 가면서 옛 시절로 초침을 돌려놓는다. 요즘 유행하는 힙합이나 헤비메탈의 빠르고 경쾌한 리듬이 아니더라도 우리는 그 이상의 여흥을 즐기고 있다. 넓지 않은 홀이지만 우리의 마음을 녹이는 음악이 있다. 시간이 갈수록 분위기가 고조된다. 지난 시절의 그리움을 삭이려는 듯 연인들이 계속 밀려든다. 빈 좌석이 없어 서거나 벽에 기댄 채 축제에 동참한다. 그 모습을 지켜본 우리 일행들은 자리를 좁혀가며 그들에게 1인용 의자를 2개씩이나 내어준다. 좁게 앉아 불편을 느끼더라도 호흡은 넓어진다. 서로에게 마음을 여는 행복! 어디에서도 맛 볼 수 없는 우리 386세대들만의 기쁨이다.

조용한 음악이 흐르는 밤
창가엔 별이 찾아와 밤을 밝히고
쉘브르엔 알싸한 생맥주의 향이 녹아내려
젊은 우리를 하나로 만듭니다.
우리는 벌써 하나가 되었습니다.
열정의 몸짓으로 밤을 사르고
통기타의 공명으로 우주를 여는
당신의 정열적인 노래에 흠뻑 취해보고 싶습니다.

무대에서 열정적으로 노래하는 통기타 가수에게 쪽지를 전했다. 사랑의 메시지를 받아주세요. 오늘 밤 나는 무척 행복하답니다. 여기에 모인 386세대의 연인들 모두 즐거워하고 있습니다. 이게 얼마 만에 느끼는 행복입니까.

금방 회답이 왔다. 나름대로 맛을 가미해 김창완의 노래를 부르는

30대 초반의 여가수의 기타 줄에서도 힘이 넘쳐났다.

그런 슬픈 눈으로 나를 보지 말아요.
가버린 날들이지만 잊혀지진 않을 거예요.(중략)
생각나면 들러봐요. 조그만 길모퉁이 찻집
아직도 흘러나오는 노래는 옛 향기겠지요.(중략)

이 노래는 80년대 학창 시절의 필름이다. 10 · 26 사태 이후 혼란기를 겪은 우리 현실은 힘을 가진 자의 논리에 밀려 가야할 길을 못 가고 정의가 살아나지 않은 상태에서 굴절되어야 했다. 젊은이들은 힘이 있어도 힘을 쓰지 못하고 80년대를 그냥 흘려보내야 했다. 남남도 아닌 젊은이들끼리 서로 편을 나눠 총칼을 들이대며 피를 나누고, 최루탄 가스 속에서 영문도 모른 채 발버둥쳐야만 했다. 바깥세상이 무서워 어두운 곳에서 격동기의 삶을 살았던 학창 시절은 반토막이 나서 군대로 피신하지 않으면 내 몸 어찌할지 몰라 혼란에 빠질 것만 같았다. 밖에 나가면 최루탄 냄새뿐이고 사람들은 언제나 쫓기는 듯 불안해했다. 거리는 한산했으며 온갖 방송 매체의 뉴스는 어두운 그림자뿐이었다. 이래저래 술로 세월을 어루만지고 불빛 흐린 지하 다방에 숨어들어 어둡고 고통스러운 나날을 보내야 했다. 회색 도시의 콘크리트 벽 속에서 나오지 못하고 이리 저리 휩쓸리는 삶을 살았던 나. 암울한 세상의 흐릿한 잔상들로 밤잠을 설쳤던 지난날에 대한 서러움과 혼돈의 물결. 다시는 오지 않아야 할 지난날의 슬픔도 사라진 지 오래되었지만 맘 한구석이 아직도 뻥 뚫린 것 같은 허전함에 가슴이 비어 왔다.

음악이 바뀐다. 잠시나마 답답하였던 마음의 응어리를 풀어주려는 듯 무대에서 빠른 템포의 음악이 흘렀다. 언제 그랬냐는 듯, 노랫가락에 몸을 맡겨본다. 젊음의 무대에 동참을 한다. 맑은 물이 골짜기를 흘러내리듯 풋풋한 향기가 밤하늘을 밝힌다. 별빛이 묻은 젊었을 때의 추억이 창가에서 묻어났다.

(2003년, 청풍문학 제7집)

그녀

그녀가 다가온 시간은 풀잎의 물기가 마르기도 전인 이른 아침이다. 햇살이 어둠을 걷어내고 간신히 창가에 다다른. 그때 나는 다가올 세계를 동경하며 여행의 환상에 빠지기도 하며, 글이 그리워 하얗게 밤을 지새운 지난날을 떠올리고 있었다.

그녀가 다가오자마자 안개꽃 내음과 붉은 장미 향이 피어올랐다. 머무는 공간이 향기로 가득 찬다. 어둠을 가셔내는 촛불. 그녀의 자태 너무나 아름답고 황홀해 슬픔으로 다가왔다. 이 세상 어디를 가더라도 그녀만큼 아름다움을 발산하는 것이 있을까. 그녀의 향에 견줄 만한 것이 어디에도 없으리라. 현기증인 날 정도로 가슴 뛰는 순간이다. 남들이 들으면 그 나이 되도록 어찌 그런 일이 없겠냐며 반문하겠지만 사실이 그런 걸 어쩌란 말인가. 속내를 드러내며 하는 고백이라 부끄러움이 밀려든다.

그녀를 가까이할 수 있도록 해준 사람은 음식점 사장으로 몇 달 전

서울에서 내려와 단양에서 갈빗집을 운영하고 있다. 사실 여주인은 갈빗집보다는 잔잔한 음악이 흘러나오는 카페나 경양식 집에 더 잘 어울릴 것 같다. 바닷가에서 갓 잡아 올린 풋풋한 생선 같은, 신록의 5월에 삐죽 삐죽 돋아나는 새순 같은 분위기를 풍기는 여인. 어찌됐건, 주인여자가 딴마음을 먹고 나와 연을 맺게 해줬다고는 생각지 않는다. 장사 속으로도 보이지 않는다. 타향살이를 하는 나로서는, 시집간 동생과 얼굴이나 나이도 비슷해 보고플 때마다 더 들른 건 사실이지만, 그렇다고 주인여자가 날 몇 번이나 보았다고 그녀와 연을 맺게 해줬겠는가. 잘못하다간 오해를 살 일이니 말이다.

그녀가 마음속에 자리하기도 전에 난 이별을 해야 한다. 정을 나눌 겨를 없이. 자리를 비우는 동안 환한 모습을 잃지 말아야 하는데 걱정이 앞선다. 꽃 있는 데 벌이 날아드는 게 자연의 섭리요, 인간의 질투심은 하늘을 찔러 얼른 눈에서 사라졌으면 하는 게 인간의 본능인지라. 그러니 누구한테 돌봐 달라고 애원을 할 수도 없는 노릇이다.

아니나 다를까. 며칠 만에 돌아와 보니 그녀의 꼴이 말이 아니었다. 물 한 모금 얻어먹지 못하고 고독의 밤을 보낸 그녀는 지칠 대로 지쳐 있었다. 처음 내게 다가올 때 발랄하고 환하게 웃음 짓던 모습은 어디로 가고 생기 잃은 모습으로 고개를 떨꾸고 있다. 봄바람에 수줍어 피는 새색시의 얼굴이 한여름 장맛비를 만나고 난 뒤의 모습으로 내 앞에서 흐느끼고 있었다. 40을 훌쩍 넘긴 여인의 몰골을 하고. 수심이 가득한 얼굴은 전쟁터에서 신음하는 병사의 모습과 무엇이 다르리. 꽃은 피어나면 10시간 이내가 가장 아름답다는데 그렇게 그녀의 생명도 끝이 나는 건가.

갈증에 목놓아 우는 그녀를 그냥 내버려 둘 수는 없다. 어서 빨리 고독의 터널에서 벗어나게 해주어야 한다. 방안에 홀로 남겨지더라도 지금보다는 나을 게 없겠지만 으스름달밤에 나라도 찾아들면 덜 외로울 게 아닌가. 바람이라도 붙들어 친구가 되게 해줘야 한다. 어둠을 가셔내는 진혼곡이라도 불러야 한다.

방안에 놓여지자 그녀는 자신이 놓여질 자리를 찾은 것처럼 금방 생기가 돌았다. 그제야 안심이 되는지 안도의 숨까지 몰아쉬었다. 사방에 향기가 진동을 하고 아침 햇살까지 피어오른다. 그러나 그것도 잠깐, 여러 날을 시달려 그런지 본래의 빛깔을 잃어간다. 사람도 나이가 들면 들수록 얼굴에 쓸쓸함이 더해가듯 그녀의 얼굴에서도 초췌함이 묻어났다. 그래서 사람들은 절화折花를 가정에 두지 않는 건가. 꽃이 꺾여지면 자연 상태에 있을 때보다 생명이 절반으로 줄어들어. 아무리 정성을 다해도 향기나 색깔이 원래보다 못하고 생명을 억지로 연장할 뿐이라.

그녀는 생명이 줄어들고 나서도 사랑다운 사랑을 받지 못했다. 지구상의 모든 식물체는 사람처럼 생각하고 느끼며 기쁨과 슬픔을 같이 한다고 하는데 절반의 생명을 내주고 나서도 또다시 절반을 내줘야 한다. 물에 빠진 사람처럼 흐느적거리는 몸짓으로 꺼져가는 심지를 돋우며. 바람에 흔들리는 문풍지같이.

그런 모습이 안쓰러워 가까이 다가가 보듬어도 표정 하나 바꾸지 않는다. 목숨을 부지하려고 안달하는 모습이라 차마 눈뜨고 바라볼 수가 없다. 그녀에게서 시선이 오랫동안 머문다. 그것은 그녀의 생명이 다했음을 말해 줌이다. 그녀의 생명을 되돌릴 시기는 이미 지났음을 보여주는 의식이다. 애처로움이 느껴지지만 내가 할 수 있는 일은 아무

것도 없다. 그저 꺼져가는 생명을 지켜보는 것이 유일한 일이다.

시간은 흘러갈 것이다. 그녀의 생명이 꺼져가는 것에 아랑곳하지 않고. 절대 기다려 주는 법 없다. 막아설 수도 없거니와 막는다고 나설 사람 또한 없다. 결국 그녀는 초침에 잠식되어 나에게서 멀어져 갈 것이다. 하지만 안타까워하거나 실망하지 않을 것이다. 시간에 굴복하고 정제된 마음으로 그녀를 가슴으로 안을 것이다. 생명이 다해 검은 옷으로 갈아입을지라도 곁에 두고 봄을 기다릴 것이다. 시들면 마음의 물을 주고 색깔이 변하면 온몸으로 채색을 하더라도.

(2004. 청풍문학 제8집)

다 버릴 일만은 아니다

빈소가 마련된 장례식장으로 향하는 길, 서녘 하늘에 간신히 걸쳐져 있는 노루 꼬리만 한 석양이 발걸음을 붙든다. 휑하니 부는 바람에 낙엽이 뒤뚱거리고 도로를 화려하게 물들이던 꽃들도 빛을 잃어간다. 지나가는 사람들마저 그 동안의 삶이 부끄러운지, 아니면 세상의 죄를 몽땅 뒤집어 쓴 것마냥 고개가 처져 있다.

병원으로 들어서자 깔끔하게 단장된 시설과 가지런히 정리된 갖가지 집기가 눈에 들어왔다. 차갑다. 깨끗하고 깔끔하다는 생각에 앞서 거부감이 들었다. 하긴 요즘 병원들은 죽은 사람은 어떻게 되든 간에 살아남은 사람들을 위한 장소로 탈바꿈하려 안달한다. 최첨단 의료장비를 들여놓고 한 발짝이라도 덜 움직이게 하나의 울타리 안에서 치료와 장례까지 치르게 한다.

그렇더라도 산 사람 편안하자고 노인들을 병원에 몰아넣고 나 몰라라 할 일은 아니다. 곡소리는 뒷전인 채 부의금에만 눈이 멀어 형제끼리 싸우는 것도 부끄러운 짓이고 산 자의 얼굴이 그렇게 희희낙락한 것 또한 눈꼴사나워 볼 수가 없다. 홍수처럼 밀려드는 서양 물질문명을 무분별하게 받아들이고 유교 사상마저 변질되다보니 앞으로는 어떠한 괴괴한 일들이 벌어질까? 전통문화와 예禮도 우리 생활에서 점점 설자리를 잃어가고 배움의 장에서도 손길 줄어드니 도덕의 정의가 혼란스러울 것이다. 가슴속에 고여 있는 정도 얼마 안 가 바닥을 드러낼게 뻔하다. 정말 세월이 변해도 너무나 변해 그 속도를 예측하기 어려우니 그저 앞날이 감감할 뿐이다. 이러다가 아닌게 아니라 저승에 가더라도 밥 한술, 술 한잔 얻어먹을지 모르겠다.

고인故人은 위험한 고비를 몇 번이나 넘기며 자식들의 애를 태우고 간담을 서늘케 했지만 그때마다 죽으면 죽었지, 내 몸 움직일 수 없다며 병원을 멀리하셨다 한다. 80이 넘었으니 살 만큼 살았지 무슨 여한이 남았느냐며. 몸이 망가져 칼을 대야 할 상황에서도 통증을 감내하며 죽음까지 두려워하지 않으셨다. 말하면 뭐하랴. 억척같던 엄니도 주무실 때 배에서 미꾸라지가 꿈틀꿈틀하는 소리가 들릴 정도로 병을 키우면서도 몸속에 종양을 넣어두고 계셨다. 자식들에게 짐이 되지 않으려고 차디찬 밤하늘의 별빛을 바라보며 고통을 참아내시며. 몇 년 전 무릎 관절의 물 혹을 제거한 것 빼고는 너무나 건강하셨는데 병원에 가서야 알게 되니 서운한 생각마저 들었다. 연어가 경사가 심한 강을 거슬러 올라 자기의 본능으로 회귀하듯 가슴속에 끈적이고 있는 자식에 대한 사랑과 희생이다.

장례를 마친 행렬은 고인의 선산으로 향했다. 바람이 간간이 불어왔지만 늦가을로 접어든 날씨치곤 너무나 따뜻하다. 고인께서 평소에 세상을 착하고 반듯하게 사시어 하늘에서도 축복을 내려주시는 거다. 파란만장한 육신에 곱고 부드러운 흙이 덮이자 눈물이 강을 이룬다. 좋은 세상 구경 다하지 못하고 간 고인은 서럽다. 가슴 한켠에 고여 있던 불효를 속죄하는 절규의 몸부림에 다시 한번 산이 기우뚱거린다. 그래도 어찌하는가. 갈 사람은 가야 한다. 죽고 나면 그만이다. "에~헤이 달구야. 달구야." 자식의 친구들이 한 차례, 동네 사람들이 다시 자리를 바꿔가며 묘를 다진다. 세상과 결별하는 장막을 친다. 이승에서 못다 한 것 저승에서라도 이루라고 극락왕생을 빈다. 편히 살지 못하고 떠난 고인의 한을 풀기 위해 부르는 처절한 장송곡葬送曲이 산봉우리를 넘는다.

마침 산소 아래 들판에서는 연기가 피어오른다. 고인이 평소에 입었던 옷가지며 고뇌를 감싸 안았던 이불까지 불 속에 내던져진다. 자식들은 이승에서의 인연을 완전히 접으려는 듯 부모가 돌아가자마자 고인의 흔적을 지운다. 타들어가는 건 유품만이 아니다. 고인이 뛰놀고 자식들과 거닐었던 나무와 숲, 그리고 가족들의 꿈을 키워냈던 냇가의 강물도 불 속에서는 맥을 못 췄다. 몸뚱이는 물론, 죽은 자의 혼백까지 재 속으로 묻혀 갔다. 연기 속에서 세상과 아쉽게 작별을 하는 노인의 얼굴이 보였다.

잊는다고 잊혀지고, 안 본다고 보이지 않겠는가. 귓전에 어지러움이 밀려든다. '어서 버려, 어서. 하나도 남기지 말고. 어서, 어서…….'

(2005. 3.『시와 산문』 계간웹북 제3호)

새끼발가락이 전하는 말

지금 난 가족들의 건강 때문에 마음 아파하는 사무실의 직원들을 보고 있다. 직원 한 분은 부인이 갑작스런 뇌출혈로 사경을 헤매고 여직원의 아버지는 술 때문에 인생의 반토막을 내주고도 병원에 눕는 신세가 됐다. 그러니까 부인네가 쓰러지고 난 이틀 후다. 한 사무실에서 너무나 공교롭다. 서로 마주보고 지내는데 하나는 부인을, 또 하나는 아버지를.

부인네는 평상시에도 혈압이 높지 않았고 건강도 문제가 없었단다. 뇌출혈이 있기 전에는 머리가 아프다거나 어지러운 증세도 느끼지 못했다며 억울해 했다. 말이 어눌하여 쇳소리가 나면 그냥 피곤해 그럴 거라고. 소화가 안 되고 입맛이 나지 않으면 나이가 먹어 그런 거라며.

여직원의 아버지는 시설채소를 길러가며 넉넉하지 않은 살림을 꾸려가고 있는데 그놈의 술이 문제였다. 병원에 옮겨지고 나서도 4~5일간을 남의 의식 속에서 있어야 했다. 후유증으로 10여 년 동안 연례행 상처럼 병원신세를 져왔으면서도 오불효五不孝의 하나인 술로 인해 며칠 전 딸내미의 가녀린 손까지 빌려가며 고추 묘를 심었다.

말하면 뭐하랴. 나 또한 발에 티눈이 생긴 지 반년이 넘어섰는데도 지금도 이러고 있다. 살이 솟아올라 불편을 느끼면서도 하찮을 거라 생각하고 무시해오다가 교감 선생이 문상 차 병원으로 가는 길에 들러 보자 하는 약국에서 오늘에서야 티눈 연고제를 샀다. 엄지발가락은 공을 차다가 시퍼렇게 멍이 들고 빠지고 새로 나고 무거운 물건에 치이고 찢겼다. 군대 가서 얻어 온 무좀까지 더해져 누렇게 탈색이 되고 바스러져버렸다. 중간 중간 치료를 해봤지만 낫지를 않아 여름이면 뱀처럼 허물을 벗었다. 꽃이 피고 지고 나뭇잎이 단풍으로 물들어 거름이 되어 돌아가면 새순을 틔우는데 발가락은 그렇지 않았다. 오복 중에 하나인 이도 어렸을 적부터 관리를 하지 않아 늘 병원 신세를 져야 하고 그 좋던 시력까지 떨어져 공부라도 꽤나 한 사람처럼 오해를 낳는다. 나이가 들어가면서 하나 둘씩 내주고 있는 셈이다.

무릎도 안쓰러워 볼 수가 없다. 대학 1학년 때 면에서 주최하는 동네 대항 축구시합에 참가할 때의 일이다. 볼을 다루며 상대 진영으로 돌진하다 태클에 걸려 넘어지고 말았는데 운동장에 깔리자마자 무릎에서는 피가 철철 흘러내렸다. 그럼에도 경기를 포기할 수는 없었다. 예선전이 끝나고부터 이웃동네 선수들을 끌어들여 비밀리에 승부를 걸어왔던 터라, 준결승 명단에 있는 동네 선수는 오로지 나 하나. 그러니 나마저 빠질 수 있겠는가. 모래를 그 상처 부위에 뿌리고 휘슬이 울릴 때까지 뛰었다. 그때, 아픔과 쓰라림은 저편에 있었다. 지금도 고향 마을회관에 들르면 녹이 슨 트로피와 장식장이 나를 반겨주지만 영광의 상처라 하기에는 정말로 대가가 너무 컸다. 기억하고 싶지 않은 얼룩의 순간이다.

집으로 돌아와 세수를 하고나서 뽀송뽀송해진 발을 살펴보니 무척 이나 화가 났다. 무좀 걸린 발가락이 6개나 된다. 새끼발가락은 양쪽 다 증세가 심해 볼 수가 없다. 내 몸을 지탱해주는 발, 내 몸의 중심에 있는 균형추. 신체발부身體髮膚를 온전히 하는 것이 효의 근본인데 옛날 같으면 집에 얼씬도 못할 신세다. 머리카락 한 올이라도 빠질까봐 상투를 틀고 지냈던 시절이 있었는데 남 가는 길에 따라나선 약국에서 사온 티눈 연고제를 오늘에서야 붙인다.

티눈에, 무좀에, 날카로운 의자에 걸려 찢어진 상처에, 발가락이 닮았다고 말하기커녕 내밀기조차 부끄럽다.

주부가 된 휴일의 하루

휴일 아침이라 그런지 거리가 무척 한산하다. 차량들의 움직임도 마냥 한가롭다. 바쁘게 움직이며 거리를 누비던 사람들의 얼굴에서도 여유가 넘쳐난다. 단지, 주말 연휴를 맞은 시외버스 주차장에는 어디론가 떠나는 사람들로 북적거릴 뿐이다. 조상님께 한식을 올려 드리려 시골을 가는 아내의 옷차림이 표를 사려 줄지어 있는 사람들과 사뭇 대조를 이룬다.

애들은 그들만의 계획이 있다 하며 아침을 먹고 나면 따로따로 흩어진다. 책이나 읽고 소꿉놀이라도 하며 지내면 좋으련만 벌써 '내 꺼, 네 꺼' 판단할 만큼 커버려 말릴 수도 없는 노릇이다. 키도 벌써 나를 따라잡아 대견스럽고 신통하지만 공부 때문에 밤낮을 바꿔 사는 애들의 얼굴은 백짓장 같아 볼 수가 없다. 마름질하지 않아 들뜬 벽지와 같이 꺼칠하고 윤기가 없다. 올해 고등학교에 들어간 큰애는 학원에서 영어 · 수학 공부를 한다 하고, 작은딸애는 시험이 며칠 남지 않아 독서실로 굳이 간단다. 비틀어진 교육의 굴레 속에서 원치 않는 삶을 억지로 살고 있는 자식들, 슬픈 교육 현장에 놓여 있는 애들한테 뭐라 위로의 말을 해주고 싶지만 적당한 말이 떠오르지 않는다. 너무나 무서운 세상. 주말이 돼도 가족들과 시간을 갖지 못하는 세상. 무거운 납덩이가 내 몸을 짓누르는 것 같아 금방 쓰러질 것 같은 기분이다. 날개가 꺾이고 희망을 기대할 수 없는 우리나라의 교육 현실에 자괴지심自愧之心이 든다. 그런 마음을 아는지 모르는지 딸애가 독서실에 가려고 현관문을 나서면서 "아빠, 저녁 기대해도 돼?" 하며 물어온다. 내 음식 솜씨를 믿는 건지, 엄포를 놓는지 모르지만, 하여튼 잔뜩 기대를 하는 것 같다. "그럼, 맛있는 것 해주지. 아빠 솜씨 좋은 것 너도 알잖니. 휴일이니까 쉬어가면서 공부해라."며 딸애의 어깨를 토닥거렸다. 멋진 만찬을 기대하는 아이에게 어떤 음식을 만들어 줘야 할지 벌써부터 걱정이 밀려온다.

아이들이 썰물같이 집을 빠져나가니 썰렁하기만 하다. 같이 TV를 보면서 웃곤 했던 거실엔 찬바람이 돈다. 아내가 이리 저리 손을 움직이면 어질러졌던 집안의 가재도구며 살림살이들이 순식간에 제자리를 찾을 텐데 아내가 빠져나간 자리가 너무나 표시가 난다. 집안 곳곳의 어수선함과 어질러짐도 편안하게 볼 수가 없다. 어차피 해야 할 일, 누가 해 줄 것도 아니기에 우선 보이는 대로, 방안의 이불을 개 얹고 거실에 마구 흩어져 있는 신문지를 한쪽으로 모은다. 어제 저녁에 먹고 치우지 않은 찻잔이며 그 옆에 놓여져 있는 과일 껍질이 수북이 담겨 있는 쟁반을 주방으로 나른다. 주방 식탁에서는 아침을 물린 빈 그릇들이 라디오에서 흘러나오는 팝송에 흔들거리며 춤춘다. 애들이 나가면서 벗어놓은 옷가지를 정리하고 설거지통에 쌓인 그릇을 닦아내니 1시간은 족히 흐른 것 같다. 투박한 손으로 매만지니 시간만 잡아먹나 보다. 아내의 손이 신비스럽게 느껴진다. 마술의 힘을 가진 손. 잠시 허리를 펴고 화장실을 열어 보니 빨래거리가 욕조에 그득하다. 꾀가 나기도 하였지만 아내가 나를 믿는 고마운 신뢰에 보답이라도 하려고 팔을 걷어붙이고 옷가지에 비누칠을 하고 주물럭거려 세탁기를 돌렸다.

그때 전화벨이 울렸다. 조금 전에도 학교 자모로부터 아내를 찾는 전화가 왔었는데 은근히 화가 났다. 바쁜 와중에 누구라도 와서 일을 도와주지는 못할망정 훼방을 놓다니. 전화 받으랴, 애벌빨래하여 세탁기에 넣으랴 정신이 없다. 몇 평 되지 않은 조그만 집에 무슨 일이 이리도 많은가. 평소에 아내가 하는 집안일을 대수롭지 않게 여겼었는데. 남편이 부탁하거나 시키는 일을 투덜거림 없이 해준 아내가 대단해 보인다. 퇴근하고 돌아오면 아내에게 수고했다는 말을 못할망정 '출출하니 얼른 저녁상 차려라.', '차 한 잔 마실 수 있나', 닦달만 하였는지. 아무 불평 없이 집안 살림 꾸려온 아내의 손을 잡으며 고맙다는 말이라도 해 줘야겠다.

집안일에 쩔쩔매다 늦은 점심을 먹고 나니 노곤하여 소파에 드러누웠다. 낮잠이 스스로 온다. '그걸 일이라고 해 놓았어. 설거지하는 데 그렇게 물을 많이 받으면 돼? 방은 언제 닦으려고 게으름을 피워. 뭐 하고 있어. 빨리 일어나지 못해.' 아내가 호통을 친다. 호통 소리에 잠에서 깬다. 꿈이었다. 짧은 시간이 흐른 것 같은데 꿈속에서조차 아내가 나를 원망하고 힐책한다. 평상시 나에 대한 불만이리라. 언제나 잔잔한 미소로 나를 대하고 잔소리도 별로 없어 '나도 괜찮은 남편이려니.' 생각하였었는데 표를 내지 않았던 거다.

그나저나 시계를 보니 오후 5시를 넘어선다. 지금부터는 새로운 도전이다. 오전에 한 일은 가벼운 일이고 누구나 할 수 있는 일이다. 그렇지만 음식을 만드는 일은 새로운 각오를 해야 한다. 아이들에게도 자랑을 해 놨고 아내도 나를 철석같이 믿는다. 찬거리가 있나 하고 냉장고나 아파트 베란다의 부식 박스를 열어봐도 마땅치 않다. 아내는 명절이나 한식이 되면 시골에서 차례 올리고 남은 음식을 가져와 냉장고를 채우는 알뜰함을 보여 왔다. 시골에 갈 때면 냉장고가 비어 있다고 봐야 한다.

'아이들 입맛에 맞는 음식은 뭐가 좋을까? 메뉴는 뭐로 할까? 이게 좋을까, 저게 좋을까.' 머릿속에 한껏 구상을 해본다. 요리를 하더라도 애들 엄마가 해 준 것처럼 입맛에 맞을까 걱정이 되기도 하였지만 음식을 만들어대는 손길은 멈출 줄을 모른다. 파를 숭숭 썰어 넣고 구수하게 버섯찌개를 끓이고, 계란을 풀어 계란찜도 한다. 콩나물에 들기름을 두르고 들들 볶다가 갖은 양념을 하여 물을 부어 아내가 좋아하는 콩나물국도 끓여 낸다. 음식을 만들면서도 달덩이 같은 애들의 얼굴이 자꾸만 떠오른다. 금방이라도 문을 열고 '아빠 나 왔어.' 하며 소리칠 것 같다. 배고프다 난리를 피우며 쩝쩝거리며 음식을 먹으면서 '엄마가 끓인 것보다 더 맛있는데.' 넉살도 부릴 것 같다.

시골 담에 붙어 핀 홍매화같이 얼굴엔 웃음꽃이 가득 피지만 자꾸만 전화기로 눈이 간다. 금방이라도 아내가 베란다 문을 열고 들어설 것만 같다.

(『문학21』, 2003, 6월호.)

절름발이 둘

"아저씨 천 원, 천 원."

차에서 내리자마자 상인들이 우르르 몰려든다. 안 산다 해도 팔을 잡아끌며 가는 길까지 막아선다. 동행하는 사람이 군밤 한 봉지를 샀어도 인정사정없다. 어린아이까지 매달린다.

여행 가이드 얘기로는 여행지마다 상인들이 몰려들어 귀찮게 하니 아예 거절해버리란다. 어린 자식들에게까지 귤 봉지를 손에 쥐어 거리로 내보내니 동정은커녕 흥정도 말고 대꾸도 말라며. 그렇지만 여행객들을 기다리는 여인네들의 모습은 너무나 딱해 보였다. 한데서 난로도 없이 모포를 무릎에 걸치고 수건을 둘러쓴 채 털실로 덧신을 짜며 흥정을 하는 것이. 골동품과 생필품은 물론 옥수수와 고구마를 진열대에 잔뜩 진열해 놓고 바라보는 눈빛이. 어떤 여인은 대나무로 만든 구덕 안에 콧물 범벅인 자식을 태우고 짚신을 팔고 있다. 장신구와 노리개를 흔들어대며 동정을 판다. 구덕 안에 있는 아이까지 중얼중얼거리며 한 수 거든다. 내가 중국말을 몰라 무슨 말인지 알아듣지는 못하지만 아이도 분명 물건을 팔아달라고 흥정을 하는 거였다.

군밤 한 봉지에 천 원이면 비싸지 않다. 양도 적지 않다. 그 정도면 한국에서는 2~3천 원은 족히 받을 수 있다. 거리를 걷거나 여행하는 길에 심심풀이로 군밤만 한 것도 없지 않은가. 그런데도 마음이 끌리지 않았다. 하도 달려들어 귀찮기에 어떻게 하면 떼어낼까 하는 생각뿐이었다.

한국에서 '천 원'의 가치는 정말 딱할 정도다. 세뱃돈으로 아이들에게 내놓지도 못한다. 잃어버려도 그리 기분 나쁘지 않은 단위의 돈. 천 원을 주고 살 만한 물건은 얼마나 되는가? 소소한 문방용품이나 아이스크림 하나. 김밥 한 줄과 두부 한 모. 콩나물도 많이 담아 주지 않는다. 과자 한 봉지를 사더라도 가격표를 먼저 살펴야 한다. '천냥슈퍼'가 동네에 생겨나지만 마음에 있는 물건은 별로 없다. 그만큼 값어치가 하찮다.

그런데 여행 세 번째 날에는 이상한 일이 벌어졌다. 파리 떼처럼 달려들던 상인들이 내게는 달라붙지 않았다. 일행들은 그 귀찮음을 피하려고 도망하다시피 하는데 장사꾼들은 오히려 나를 피해갔다. 물건을 안 사주고 모르는 체하면 심한 욕설까지 퍼붓던 아이들이었는데 의아스러웠다. 동굴 속에 들어갔다 나왔기에 내게서 고약한 냄새가 나기라도 하는 건가?

달려들지 않으니 우선 귀찮은 옴이 몸에서 떨어져 나간 것 같기도 하고 체한 속이 얼떨결에 뻥 뚫린 것 같아 기분이 좋았지만 궁금증은 더해만 갔다. 잠시 생각해 보니 짚이는 게 있었다. 전날 저녁에 받은 발마사지가 원인이라면 원인이다.

장가계를 구경하면서 봉우리도 가파르고 걷는 양이 많다보니 숙소로 돌아와 '발마사지'를 받았다. 고등학교 시절에 기기미묘奇技美妙한 장풍掌風의 매력에 끌려 공부를 뒤로하고 무협지를 놓지 못했듯이, '소림사'와 '용쟁호투'가 내 가슴을 조여 온 것처럼 왼쪽 무릎 관절이 좋지 않은 걸 까맣게 잊고 발을 맡겼던 것이었다. 중국 여행에서 빼놓을 수없는 상품이긴 하지만 너도나도 떠들어대는 발마사지의 입소문에 떠밀린 것이었다. 관절이 놀라 그 증세가 도진 거였다.

황룡동굴을 보기 위해 계단을 오를 때는 통증이 느껴졌다. 난간에 의지하고 부축까지 받아야 했다. 견딜 수 없는 통증이었다. 다리가 질질 끌리고 등허리에서 식은땀이 줄줄 흘러내렸다. 그렇다고 구경을 멈출 수가 없었다. 동굴 안이 얼마나 넓던지 배가 다니고 천장은 높디높아 하늘을 찔렀다. 정동진 가까이에 있는 환선동굴도 자랑거리지만 비교가 되지 않았다. 폭포수가 흐르고 19.2M나 되는 석순도 있다. 곳곳을 구경하라고 만들어 놓은 계단도 4층이나 된다.

발마사지의 후유증을 호소하는 사람은 나뿐만이 아니었다. 만 원을 더 주고 전신마사지를 받은 아내는 어깻죽지가 뻐근하다 하고, 다른 한 사람은 발목이 시어 여러 차례 불평을 털어놓았다. 발마사지가 뭐길래.

장사꾼들이 물건을 판다면 그들에게 여행의 피로를 풀어내면 어떨까 하는 생각이 들었다. 통증을 무릅쓰고 동작을 크게 하며 걸어 보았다. 신기하게도 그들이 다가오지 않았다. 하나라도 더 팔아 보겠다고 떼를 쓰던 진드기들이 눈길조차 주지 않았다. 멀찌감치 피해갈 정도다. 혹시나 해서 발마사지 때문에 다리가 불편한 L여사에게 주문을 해봤다. 상인들의 성가심을 덜어내는 묘안이 있는데 절뚝거리며 걸어보면 어떠냐 하고. 눈치 챌지 모르니 나와는 멀찌감치 떨어져서 걸으라 하며.

역시 그녀에게도 다가가지 않았다. 나에게 접근하지 않듯이 그녀에게서도 장사꾼들이 멀어져 갔다.

▌괴산 조령산 제2관문

2_ 물소리 사람 사는 소리

물소리 사람 사는 소리
선물
신문지와 고양이
도마뱀의 한계
어디까지 가는 걸까?
너도 그런 곳에서 한번 살아 봐
삶
도로 돌려주고 나서야
무풍지대無風地帶
인생 80고개

물소리 사람 사는 소리

소리가 들려온다. 낙엽 소리보다는 크고 커피포토에서 물이 끓거나 베란다 창을 때리며 흐르는 바람소리보다는 작다. 한겨울이니 벌레 우는 소리가 아니며, 밖에 눈이 오질 않으니 여인이 외투 깃을 살짝 추어올리고 눈길을 걸으며 내는 뽀드득거림도 아니다. 요란한 것도 아니고 은근한 것도 아니다. 그저 옷깃을 스쳐가는 소리 같다고나 할까.

수족관 산소발생기에서 나는 소리와도 구별되고, 베란다 홈통을 타고 흐르는 요란함은 더욱 아니며, 몸이 피곤한 데서 오는 귀울음도 아니라면 어디서 나는 소리란 말인가?

퇴근해 거실에서 피곤한 몸을 풀고 있지만 궁금증에 앉아 쉴 수가 없다. 거실 화장실을 들여다보고 싱크대에도 가 보았다. 아내는 괜한 데 신경을 쓰는 내가 눈에 거슬리나 보다. 이명증이 아닌가 걱정하며 거실장 위에 놓인 수족관마저 치우자 한다. 딸아이도 옆에 있지만 소리에 관심이 있는 건 나 혼자뿐이었다.

확인하지 않은 단 한 곳은 안방 화장실. 내가 매일 들락거리는 공간이다. 열어봐서 이상이 없다면 몸의 기운이 쇠해서 그러니 이참에 보약이라도 한 재 지어 달라고 꾀라도 낼까. 웃음이 절로 나왔다. '아무일도 없을 거야.' 자신하며 문을 열고 들어갔다. 그런데 예감이 좋질 않았다. 조바심에 얼른 전등 스위치를 올리고 안을 들여다보니 세면대 수도꼭지에서 물이 새고 있는 게 아닌가. 물줄기는 비가 그치고 난 후 처마 밑으로 똑똑 떨어지는 그런 물방울이 아니라 장대비를 넘어 억수비에 가까웠다. 한여름 폭우라 할까. 정체 모를 소리의 진원지가 바로 여기라니! 아무리 정신없는 아침 시간이라도 그렇게 덤벙댈 수는 없다. 시력이 나쁘다 해도 귀는 멀쩡하지 않은가. 허허! 한낮 동안 가스보일러를 돌려 더운물을 퍼낸 것이다.

언제부터인지는 모르지만 난 가족들과 화장실을 구분해 사용해 오고 있다. 거실에 있는 것은 아내도 쓰고 아이들도 쓰며 아침 출근 시간이면 나까지 양치질하러 들락거려 공동화장실이 되었지만 안방 화장실은 나만이 쓴다. 독점을 한다. 그렇다고 가장의 권위나 강압에 의해 선을 그은 것은 아니다. 추측건대 화장실이 지저분해 냄새가 나고 불결해 식구들이 피한 것이다. 바닥에 때가 끼고 머리카락이 떨어져 쌓여도, 변기 안에 이물질이 끼여도 제때 치우지 않고 쓰니 그 길로 나만의 공간이 되어버린 것이다.

아내는 오늘 외출하지 않았다. 친구를 만나는 것도 시장을 보는 것도 뒤로 미루며 집에서 쉬었다 했다. 놀랄 일이다. 안방에 한 번도 들어가 보지 않은 것이다. 이런 날이면 대청소도 하고 눈이라도 잠깐 붙일 텐데 공교롭게 운마저 닿지 않았다. 콩나물 한 줌에 목소릴 높이고 헬스클럽에 다니라 해도 돈 들어가는 거라 싫다며 등산을 고집하였는데, 어찌 둥둥 떠다니는 돈다발을 줍지 않았을까? 어쩌면 화장실은커녕 그 근처에도 아예 가지 않으려 했는지도 모른다.

보이지 않는 벽이 있는 것인가? 부부지간에 모르는 게 없고 숨기는 게 없다 했는데 얼마나 양보를 하며 이해를 하고 사는 걸까. 화장실에서 온종일 물이 흘러도 모르는 것처럼 서로 알지 못하는 마음속의 공간을 만들어두고 사는 건가. 꽃다발을 안기면 고마움 이전에 이 사람이 딴생각하는 것은 아닌가 하고 꽃 사온 이유를 묻고 또 물어왔다. 아내의 옷 치수를 제대로 안 것은 몇 년이나 되는가. 머리 스타일을 바꿔도 반응이 없다고 핀잔을 들은 적도 있다. 결혼기념일을 놓치기도 했다. 생일이 나보다 하루 늦어서 다행이지 제각각 흩어져 있다면 아이들의 기억을 자주 빌렸을 것이다.

남들이 보면 행복해 보일지라도 각방을 쓰는 부부가 상당히 많다고 들었다. 겉으로는 부러움의 대상이며 희망의 등불일지는 몰라도 속 타는 불기둥을 숨기고들 산다. '님이라는 글자에 점 하나만 찍으면 남이 되는 세상사.' 결정의 순간은 살아온 세월을 잊어버리게 한다. 설령, 어느 한 쪽이 바람이 들어 가슴이 시려도 그놈의 자식이 뭔지 아이들 눈치만 보다가 제 짝 찾아 부모의 둥지를 떠나고 나면 허전함이 밀려오고 외로움을 견딜 수 없어 그제야 새로운 인생을 살려고 떠나는 것이다. 20여 년 이상 결혼해 살던 사람들의 이혼율이 갓 결혼해 살다 헤어진 사람들의 그 비율보다 높다는 것은 무엇을 말함인가. 소중한 것은 저마다 다르다. 방바닥에 동전이 굴러다녀도 필요하지 않으면 줍지 않는다. 사랑이 다가오더라도 움켜쥐지 않으면 인연은 떠나간다.

살고 있는 아파트가 가족 전체의 공간이라면 오산이다. 강제나 협상의 절차 없이 서로 묵인하에 선을 그어 놓고 산다. TV 채널을 다투다 흩어져 가고 치장하고 단장하는 관점의 차이로 벽을 만든다. 아이마저 제 방에 얼씬하지 말라 엄포를 놓는다. 물건 하나 흐트러져도 금방 알아챈다. 그렇게들 간섭받지 않으려고 공간을 나누어 갖는다. 출근을 하거나 학교에 가거나 집을 비우면 나머지 사람들이 잠시 빌려 쓰는 것이다. 보이지 않는 벽들이 자꾸만 늘어난다.

내가 너른 공간에서 숨을 쉬고 있지만 진정한 공간은 수도꼭지를 틀어놓은 두 평도 안 되는 화장실뿐인지도.

선물

"임~형."

"예."

"요즘 운동 계속 하시나요? 그래, 그 좋아하시는 테니스 많이 느시고?"

"뭘요? 운동도 자주 못하고 게을러서 그런지 늘지 않네요."

"내 그래도 열심히 운동하는 임 형을 보니 보기 좋구려." 하며 종이 가방을 불쑥 내민다.

"그게 뭐요?"

"뭐 변변치 않지만, 임 형을 위해 테니스공 몇 개 샀소. 운동 많이 해요."

만남이 오래되지 않았고 쓰디쓴 소주 몇 잔 나누지 않았는데, 그는 이 차가운 겨울에 내 마음을 녹인다. 테니스 친 것도 한두 번, 인생 사는 얘기도 아주 가끔인데 어린 내가 먼저 마음을 열지 못해 손이 오그

라든다.

주변 사람들의 체취를 느끼고 그들과 호흡하는 작은 공간을 살면서도 우리는 그들에게 무엇을 주어 왔는가? 크나큰 슬픔으로 가슴 졸일 때 따뜻한 말 한마디 건네며 살아왔는가? 주변 사람 위해 먼저 손을 내밀어 보았는가? 능력 없다 하여 남에게 도움을 주지는 못할망정 피해는 주지 말자하며 오늘을 살고 있는데…….

우리가 선물을 주고받을 때에는 어느 특정한 날, 달력에 동그랗게, 동그랗게 펜을 두른 날에만 말이다. 서로 이해타산 따져가며 내 것 먼저 챙긴다. 남의 것 마저 내 것으로 만들고 남을 위해 무엇 하나 나누지 않는 현실.

아주 자그마한 것이라도, 아니 아무 보잘것없고 하찮은 것일지라도 상대방 가슴에 와 닿는 그러한 자그만 축복이라면 크나큰 황금 덩어리 몇 개보다 낫지 않을까! 차가운 바람이 부는 날, 그의 양손에 '손난로'라도 쥐여 줘야겠다.

(2003.『청백동 사람들』)

신문지와 고양이

집에서 나와 큰길에 다다르자, 택시가 우리 내외를 기다렸다는 듯 반긴다. 10여 분을 달려 신흥고 앞 간이주차장에 닿았다. 매표소는 두 평 남짓으로 사방은 함석으로 둘러쳐져 꼴사납다. 표를 팔고자 빠끔히 내놓은 틈으론 생쥐가 드나들 것만 같다. 일요일 이른 아침이라 그런지 매표원도 보이지 않았다. 을씨년스러운 아침, 택시에서 내려 얼마 되지 않았는데 금방 손이 시려오고 입가에선 김이 올라왔다. 간간이 지나치는 차량 행렬과 스치는 바람만이 우리의 존재를 의식할 뿐 주차장엔 우리 내외뿐이었다.

휴대전화를 꺼내 시간을 확인하려는데 아내가 어깨를 툭 쳐왔다. 매표소 옆에 고양이가 있다며. 놀란 눈빛이다. 가리키는 쪽을 보니 정말 몸집이 제법 큰 고양이가 네 발을 가슴에 붙인 채로 신문지 조각 위에 누워 있었다. 흰색 바탕에 노란색 털을 가졌는데 몇 발짝 다가가도 움직이지 않았다. 낯선 우리를 보면 줄행랑을 칠 텐데 배짱이 두둑했다.

아무리 사람들에게 길들어 경계심이 없다 해도 너무나 태연했다. 사람들이 휴일이면 늦잠을 즐기듯 고양이에게도 휴일을 준 것일까?

그러한 생각도 잠시, 불안감이 엄습해왔다. 고양이는 지구에 모습을 드러낼 때부터 야생野生을 해와 어느 동물보다도 모진 환경에 잘 적응해 왔다는데 왜 이런 곳에서 잠을 자 왔을까? 돌고래 다음으로 머리가 좋아 태어날 때부터 자연에 순응할 수 있는 학습능력도 갖고 있다던데, 왜 하필 신문지 한 장에 몸을 의지하는가?

고양이는 아무런 불편 없이 살아왔지만 주인의 손길에서 벗어나고 싶은 건 아니었을까? 그들의 공간에서 같이 숨쉬고 움직여지는 게 싫어서. 정신까지 길들까 봐. 그렇다면 하루하루 옥죄어 오는 삶 때문에 목사리를 끊고 공간을 탈출한 고양이가 얻고자 했던 것은 진정 무엇이었을까?

편안함 · 불간섭 · 해방 · 자유……. 그 어느 것이라도 좋다. 고양이는 자신의 위치와 존재를 확인하려 했을 것이다. 무작정 울타리를 탈출하여 거리를 쏘다니고 마음먹은 대로 누리고도 싶었다. 어느 누구의 간섭을 받지 않아서 좋다. 물과 바람과 어울리며 간간이 눈발이 날리면 즐거웠다. 태양이 빛나는 나날을 즐겨도 아무 일도 일어나지 않음에 웃음 지었다.

하지만 진정으로 얻은 것은 무엇인가? 생각했던 것들을 누렸을까? 고양이가 하루를 정리하고 찾아드는 곳은 고작 신문지 조각이다. 너무나 좁은 공간. 그것도 사람들의 발길이 멈추는 늦은 밤이 되어서야 찾아드는. 내가 낯선 도시에서 얻고자 했던 그 경험이 오늘의 내가 되도록 자극은 되었지만 실제의 삶에 도움이 되지 않았듯이 고양이의 삶도 그러했을 것이다.

고양이의 자유는 지나온 내 삶의 단면이다. 대학을 졸업한 1985년 봄, 취직이 되지 않아 주위의 따가운 눈총을 견딜 수 없었다. 계획도 없이 무작정 상경했다. 학습지를 판매하는 일에라도 매달려야 곤혹스러움에서 벗어날 수 있으리라는 생각에. 끼니마다 매식買食을 하고 방 얻을 돈이 없어 독서실에서 새우잠을 잤다. 그런데 날마다 상상 밖의 일이 펼쳐졌다. 현실과 타협하는데 어려움을 각오했지만 문을 두드려도 열리질 않았다. 대면對面만 해도 절반의 성공이라는데 사람들은 접근조차 허락하지 않았다. 겨울 찬바람에 문풍지 떨리듯 절망감만 밀려왔다. 경험이 없던 나로서는 생면부지의 사람들에게 상품의 가치를 설명하고 마음을 사로잡는 것은 고통이었다. 누구라도 나에게 힘을 실어주리라던 애초의 생각은 기우였다. 견디기 어려운 홀로 서기. 혼자만의 고독. 집 나온 설움보다 주변의 외로움이 더 서러웠다. 그렇게 한 달여의 짧은 기간에 내가 얻은 것은 '세상은 넓지만 오직 나 혼자뿐이라는 것' 이었다.

자유. 자연인이면 누구나 기본적으로 가지고 태어나는 권리. 그렇지만, 자유는 공기를 마시는 것처럼 만만하지 않다. 바람처럼 가벼운 게 아니다. 사회라는 울타리 안에는 빼앗으려는 무리와 뺏기지 않으려는 자가 공존한다. 서로가 몰래 그물을 쳐놓고 먹히지 않으려고 갖은 애를 쓴다. 투쟁의 연속이다. 설령 그것을 쟁취하더라도 사람들은 지난날의 아픔을 금방 잊어버린 채 무질서에 가까운 방종에 빠진다. 하찮은 동물들은 남의 영역을 침범하지 않는데 만물의 영장이라고 하는 인간들은 그렇게들 미워하면서. 서로 살겠다고 쳐놓은 모순의 덫. 자신들이 파놓은 함정에 자신이 빠진다. 모래알을 움켜쥐더라도 그 힘을 조절하지 못하면 손가락 틈사이로 모래가 술술 빠져나가듯이 결국 얻은 자유를 제 손으로 놓아줘야 한다.

시간에 맞추어 목적지로 향하는 버스가 다가온다. 간이주차장을 찾는 사람들을 남겨 놓고 차에 올랐다. 그렇게 하나의 물결이 흐른다. 뭐든지 자연의 이치대로 순응해 간다. 그런데 고양이만 아무런 대답이 없다. 아무런 대답이 없다.

도마뱀의 한계

도마뱀이 국화 묘를 심어놓은 화분 안에서 나오질 못한다. 꼬리가 잘려나가도 생명력이 있다는 도마뱀. 흙이 덮인 높이를 제하면 불과 20여 ㎝ 정도라 장애가 되지 않는다. 소름이 끼칠 정도로 잽싼 뱀과에 속하는 족속이 어째서 나오지 못하는 걸까?

다가가니 무척이나 경계를 한다. 청설모가 잣을 물고 운동장을 가로지르다가 인기척에 놀라 잣을 떨어트릴 때처럼 당황하는 빛이 역력하다. 최단 거리에서 그 작은 움직임까지 관찰하고 싶어 가까이 다가갔다. 그러자 더욱 경계를 한다. 수시로 피부색을 바꾸며 몸을 보호하던 본능을 또 보인다. 두려움 때문에 그런가 해서 이번에는 멀찌감치 벗어나 보았다. 그런데도 행동에 변화가 없다. 날렵한 파충류는 흙이 담긴 어둠을 가셔내지 못한다.

그렇다면 나오지도 못하면서 도대체 어떻게 기어들어간 걸까? 도마뱀의 오래된 습성인가. 변하지 않는 우둔함에 조바심이 났다. 그래서 화분을 옆으로 눕혀 놓아 보았다. 벗어나나 보려고. 그래도 소용이 없다. 안 되겠다 싶어 이번엔 나무꼬챙이로 몰아냈다. 그런데도 흙을 벗어나면 죽음뿐이라는 듯 안으로만 파고들었다. 안 되겠다 싶어 호흡을 가다듬고 아예 멀찌감치 물러나 보았다. 눈길이 멀어지면 수렁에서 나올 것 같아. 그러면 그럴수록 더욱 몸을 웅크렸다.

어릴 적 담 밑에서 도마뱀을 잡으려고 웅크리며 다가갔을 때 얼마나 조마조마했던가. 동작이 재빠르고 행동이 너무나 민첩해. 놓치고 났을 때의 아쉬움과 조바심은 이루 말할 수 없었다. 그런 일이 있은 후 도마뱀은 내 능력 밖에 있는 비범하고 영리한 파충류라고 여겼다. 빠른 만큼 모든 면에서도 우수하고 능력이 있는 영물靈物이라고.

그 어릴 적 도마뱀에 대한 각인된 사고는 내 생활 전반에 많은 영향을 끼쳐왔다. 각종 축제나 행사 홍보 때 단골로 등장하는 나비 또한 모든 곤충을 제치고 포스터나 책자 첫머리에 날아와 앉는다. 하지만 어둠도 있다는 것을 몰랐다. 유리창 안으로 스스로 날아들지만 한 뼘의 이동 거리를 옮겨가지 못하고 죽어간 것을 보고 나서야 나비에 대한 인식이 바뀌었다. 그 사실을 알기 전까지 난 '나비 효과'의 후광만 주워 담으려 했다. 나비의 우둔함을 알지 못한 채. 그런 식이다. 한번 생각이 굳어지면 다른 곳에 답이 있어도 바꾸는 것을 힘들어했다. 눈치를 보기까지 했다. 모든 게 그랬다. 어쩌면 내가 보고 느끼며 생활하는 일상이 다 그러했는지 모른다. 표면만 보고 동전의 이면은 생각하지 않는.

얼마 전 우리 주변에 가까이 있는 곤충의 지혜를 실험한 결과도 충격적이었다. 그 결과에 또 한 번 놀라야 했다. 파리와 꿀벌을 비커 속에 집어넣고서 어느 곤충이 비커 속에서 먼저 빠져나오느냐는 실험이었다. 비커 밑바닥은 밝은 창가로, 주둥이는 어두운 실내로 향하게 했다. 인간이건 곤충이건 빛을 좋아한다. 빛을 따라 움직여간다. 어느 것이 먼저 탈출했겠는가? 아마 대부분이 꿀벌의 지혜를 높이 살 것이다. 꿀벌은 파리보다 우리에게 친근감이 있고 생활에 이로움을 줘왔기에. 하지만 그런 예상은 빗나가고 말았다. 파리가 해코지를 하고 더러워 눈길에서 멀어졌으면 하는 우리의 맘과는 달리 영특함에서 앞서 있었다. 꿀벌은 어둠의 공간에서 벗어나려 빛이 밝은 비커 밑바닥 주변을 날고 날았다. 물론 파리도 처음에는 창문 쪽으로 탈출을 시도했지만 그 길이 아님을 알아냈다. 몇 번을 날다 어둠의 저편에 있는 주둥이를 찾아낸 것이었다.

지금 우리가 사는 시대는 그 옛날 경험하지 못했던 전혀 새로운 시대다. 정보화와 지식 문화가 우리의 생활을 송두리째 바꾸고 있다. 변화를 주지 않고 화분 안에서 머리를 들이박고 발버둥치는 도마뱀을 보고만 있을 것인가. 세상은 변화에 적응하는 자만이 살아남는다. 변화를 아는 사람만이 변화한다.

솔개는 무딘 부리를 바위에 쪼고 발톱을 뽑아내고 무겁고 둔한 깃털을 새로 나게 해 제2의 생을 산다는데 화분을 기울여주어도 나가지 못하는 도마뱀이나 고집스럽게 밝음을 선택한 벌에 대한 생각을 이제는 바꿔야 하지 않을까.

(2005. 청풍문학 제9집)

어디까지 가는 걸까?

날씨가 흐리고 하늘까지 어두우니 마음마저 가라앉습니다. 편안할 것 같은 일요일 아침, 그러나 몸은 반대로 움직여갑니다. 출근하지 않을 때는 게을러져 머리도 안 감고 세수도 하지 않다 보니 찌뿌드드합니다. 리듬이 깨지면서 엉망이 되어갑니다.

쉬는 기분이 나질 않아 베란다로 나가 창문을 열어젖혔습니다. 내려다보는 풍경 중에 어색한 게 눈에 들어옵니다. 베이지색 잠바에 둥그런 모자를 쓴 사람! 그런데 검은 장갑을 낀 오른손에는 지팡이가 들려 있습니다. 불편한 몸으로 아파트 담장의 난간을 간신히 움켜잡으며 한 발짝 한 발짝 옮겨갑니다. 풍을 맞은 듯 오른쪽 다리는 바람에 펄럭이는 깃발처럼 땅에 질질 끌립니다.

더 마음이 아픈 건 길 가는 사람들이 그 사람을 마주치지도 않고 거들떠보지도 않는 겁니다. 젊은애건 나이 든 사람이건 외면하며 앞만 보고 걸어갑니다. 걸인을 쳐다보는 행동입니다. 나중에 그렇게 되지 않을 사람들이겠지만, 그들만의 자유라지만, 그 노인은 너무나 외로워 보입니다.

그 사람도 이렇게 몸이 망가지기 전에는 그들처럼 자유를 그리며 당당하게 어깨를 펴며 걸었을 텐데 안타깝습니다. 이전에 어떤 길을 걸어왔는지 모르지만 자기만의 세상이 있었을 텐데 서러울 겁니다.

그렇게 힘들어하며 걷다 보면 이런저런 생각으로 머리마저 아프겠지요. 웃음이 가득한 밥상과 빛 바랜 가족사진이며 차 한 잔 나누던 시절도 그리울 겁니다. 안개 같은 희망마저 자신의 의지대로 되지 않았음을 뒤돌아보고, 구름처럼 흘려보낸 그런 시절을 후회할는지도 모릅니다. 애들 다 키워놓고 할 일 다 해놨으니 이제는 편안히 쉬어 볼까 마음먹자마자 이렇게 몸이 망가진 걸 한탄하고 있는지 모릅니다.

어디서부터 출발해 왔는지 모르지만, 정상으로 되돌아가는데 얼마만큼의 시간이 필요할지 모르지만, 어찌됐건 지난날들의 시간은 메워지지 않을 겁니다.

하늘에서 비가 떨어집니다. 점점 빗방울이 굵어집니다. 비 온다는 예보를 들었을 텐데 그냥 나온 것 같습니다. 어쩌면 그 시간 안에 닿을 것으로 짐작하고 그냥 맨몸으로 나왔는지는 모릅니다. 그 사람의 어깨가 싸늘해 보입니다.

한 마리의 새가 나뭇가지에서 날아오릅니다. 하늘을 날 자유도 갖지 못한 노인은 물끄러미 그 새를 바라봅니다. 새들이 나는 공간 속에서 자신의 존재가 미약함을 느낍니다. 자신의 꿈을 새기지 못해 아쉬워하는 눈빛입니다. 가도 가도 끝이 없을 것 같은 발걸음. 지팡이에 의지한 몸이 무척이나 무거워 보입니다.

그런데 다행입니다. 어색한 발걸음이지만 힘이 있어 보입니다. 지나

가는 사람에게 먼저 말을 거는지 목소리가 커집니다. 새로워지려고 어디론가 발걸음을 옮겨가는 의지가 대단해 보입니다.

나는 날지 못하는 새를 바라보고 있습니다. 그리고는 하늘을 올려다 보았습니다. 새로움을 위해 새롭게 출발하는 그 사람의 앞길에 비를 내리지 말라며.

(2005. 07. 07. 동양일보)

너도 그런 곳에서 한번 살아 봐

휴일 아침, 시간에 얽매이다 모처럼 여유가 넘치는 오전의 휴식이다. 하늘은 장마가 끝나 가는지 높기만 하다. 거실까지 햇살이 파고든다. 베란다 창으로 스며드는 공기는 어느 때보다도 깊은 맛이 난다.

아내는 베란다에서 오늘도 흐트러진 물건들을 정리한다. 복숭아 박스며 플라스틱 반찬 통이며 시일이 지난 신문지도 차곡차곡. 어질러놓는 사람 따로, 정리하는 사람 따로, 집안일이라는 게 쉬워 보여도 어느 것 하나 아내의 손이 가지 않으면 정리해 놓은 느낌이 전혀 나지 않는다. 남자가 일을 해도 표시가 나지 않는 것이 다 그런 이유다.

내가 하는 일이라곤 화분에 물 주기, 삼겹살 굽기, 벽에서 떨어져 나간 못 주워 다시 박기 정도다. 어쩌다 흥이 나면 가물에 콩 나듯 마루 걸레질하기, 빨래 개기. 설거지라도 도울라치면 남자는 부엌에 들어오지 않는 거라며 손에 쥔 행주마저 빼앗아간다. 그러니 돕고자 하는 마음이 있어도 집안일에 게을러진다. 돕는다는 내조자의 관점에서 벗어나면 아내 생각도 달라질까?

잠시 숨을 고른 아내는 스며드는 햇볕을 차단하기 위해 커튼을 두르려 옮겨갔다. 그런데 발밑에 놓인 화분을 보지 못했는지 화분을 걷어차고 말았다. 화분이 엎어지면서 나무 껍데기 상토와 온시디움이 모습을 드러냈다. 순간, 아내는 당황하며 어쩔 줄 몰라 했다. 정성을 들여 키운 화초가 혹시나 상하지 않았을까 해서. 아니, 나중에 생장을 잘해줄까 하여. 다행히 화분이 깨지지 않은 것을 보고 아내는 놀란 가슴을 쓸어내렸다.

그런데 더 놀랄 일은 뿌리를 드러낸 온시디움이다. 어린 묘를 화분에 옮겨 심을 때에는 포토를 벗겨내야 하는데 어이가 없다. 아무리 바쁘고 귀찮더라도 포토째로 심을 수는 없는 것이다. 그러니 뿌리가 온전하겠는가. 뱀이 똬리를 틀듯 뭉쳐진 채 절반 이상이 썩어버렸다. 어린 모였을 때는 그 공간도 자유로웠겠지만 자라면서는 얼마나 갑갑했을까? 토해내는 신음소리가 들리는 것 같았다. 조여드는 아픔이 내게로 몰려든다. 동굴에 갇히면 정상인도 폐인이 되고도 남는다. 넓은 집에 살다가 좁은 평수로 옮겨가도 갑갑하다고 난리를 피우는데 밧줄로 몸이 칭칭 동여매어진 삶을 생각해 보라. 하루를 살겠는가. 황무지에서의 잡초의 생명력! 하늘과 닿을 듯한 바윗덩어리에서도 소나무는 뿌리를 내린다. 비바람이 몰아치고 뙤약볕이 내리쬐어도 생명을 이어간다.

그 동안 화초를 키우면서 밖으로 실어낸 게 얼마던가. 부지기수다. 마트에서 5천 원을 주고 산 대나무는 3년을 키워 키가 두 자 가까이 자랐는데 베란다에서 겨울잠을 재웠다. 햇볕에 그을려 비실거리다 실려나간 서양난도 셀 수가 없다. 단풍나무는 물을 너무 자주 줬다. 벤자민과 행운목은 어느 화초보다도 정성을 기울였었는데. 모양이 좋고 잎도 무성했던 해송은 그 아쉬움에 여러 날을 서성거렸었지.

사실, 온시디움만큼 기르기 쉬운 화초도 없다. 적당히 물을 주고 가끔가다 햇볕이 드는 창가에 놓아주면 그만이다. 이사할 때 축하 사절로 와 5년 동안 잘도 자라주었다. 베란다에 놓여진 화초들은 웬만하면 2~3년마다 분갈이를 해줬는데 그러한 정성도 기울여주지 않았는데도. 더군다나 주인은 화초를 가꾸는 기술이 없고 게으른데도 말이다. 하긴, 화초를 돌본답시고 성가시게 굴었더라면 벌써 실려 나갔을지도 모르지만. 뒤늦게라도 빛을 보게 된 게 고마울 뿐이다.

온시디움이 그렇게 잎을 키우고 꽃을 피운 것은 삶을 포기하지 않는 용기를 보여줌이다. 인간의 모진 손끝과는 상관없이 언제나 이파리를 윤이 나게 해온 것은 생명의 고귀함 때문이다. 계절이 바뀔 때마다 미소를 보내며 표정관리를 한 것은 자연의 이치를 다하기 위함이다. 그렇게 싸여진 공간 속에서도 생명을 부둥켜안은 건 공간이 좁다고 투덜대지 않았음이다. 비좁은 틈에서도 자유를 찾았음이다.

이제 온시디움은 제2의 삶을 살 것이다. 웅크리며 통곡하는 그런 억지의 삶이 아니다. 고단함에서 탈피해 뿌리를 실하게 내리는 자유가 있다. 숨 막힘에서 벗어나 긴 호흡으로 세상과 마주하면서 생명수를 뿜어낼 것이다. 질곡의 삶을 뒤로하고 빛을 뿌릴 것이다.

꽃을 아는 사람이라면 그렇게 묶인 채로 하루를 못 산다. 화초를 키우고 기르는 사람들은 마음도 꽃을 닮아간다는데, 그 사람 속을 보고 싶다.

삶

나비

사무실 안으로 한 마리의 나비가 날아든다. 창가를 빙빙 돈다. 멀리 가지도 않고 유리창에 한참이나 붙어 있다. 그러더니 아랫단에 매달리다가 기어오르고 오르고 나면 또다시 밑으로 내려가 그 동작을 반복했다. 비록 자기의 영역이 아니라 낯설어 보였지만 뭔가를 그리워하는 몸짓이다. 새로운 세계. 풀 섶과 이슬과 나무의 그늘이 없는 신대륙에서의 날갯짓이다. 정신을 분산시키려 일부러 유리창 주름커튼을 흔들어보아도 잠시 주춤할 뿐 궤적에서 크게 벗어나지 않았다. 창가를 비켜나기도 하였지만 유리창 말고는 아무데도 갈 줄을 모르는 것 같았다. 사실 한 뼘 정도만 옆으로 옮겨가면 드넓은 정원이 보이고 자유를 만끽할 수 있는 예전의 땅이 기다리고 있는데도. 선 채로 바라보고 있던 내가 되레 지쳐 의자에 앉고 말았다.

반나절이 지나고 해가 지는데도 나비는 그런 모습이다. 도화지에 그려진 정물화를 보는 것 같다. 그러던 참에 난 창문 틈 사이에서 죽어간 나비를 보고 말았다. 몸통 부분은 부스러지고 흔적이 없다. 날개도 한 쪽뿐이다. 왜 이 폐쇄된 공간에서 벗어나지 않았을까?

이튿날은 나비 한 마리가 더 늘어났다. 서로 붙어서 너울너울 움직인다. 그런데 낯선 개체는 동작이 어눌했다. 정말 얼마 못 가 책상 밑으로 쪼르르 내려앉는다. 놀랄 일은 시간이 갈수록 동작이 굼떠갔다. 한동안 지켜보아도, 다가가 날개를 잡아채도 아무런 저항이 없다. 동료의 빗나간 주검을 이미 보았을 텐데…….

정원의 풀과 나무들이 보고 싶어진다. 창문을 열어야겠다.

수선화

스멀스멀 봄기운이 피어나는 날이다. 깊은 겨울잠에서 벗어나고 싶었다. 화단에는 갖은 화초들이 새싹을 내밀고 목련이나 감나무도 제모습을 찾아간다. 수선화도 질세라 그 옆에서 쏟아지는 햇살을 안고 자태를 뽐낸다. 바람이 일렁일 때마다 같이 춤춘다. 요란스레 몸을 흔들며 웃는다. 하지만 울타리 밑 그늘진 곳이라 어딘지 초라하다. 대나무와 토란잎에 둘러싸여 노랑꽃송이는 빛이 나질 않았다. 그러잖아도 자기도취에 빠져 헤어나지 못하는 전설을 가진 꽃이거늘.

고독에 몸부림치는 것을 그대로 내버려둘 수도 없는 일이다. 화분에 옮겨 놓기로 했다. 창가에서 봄을 노래하고 나르시스의 향에 얼굴을 묻었다.

그런데 난 내 위주로 꽃을 보고 말았다. 내 시선 속에서 놓아주지 않으려 했다. 수선화의 아름다움과 청초함에만 눈길이 갔다. 싱싱한 이파리에 꿈을 새기며 꽃이 뱉어내는 향기에만 젖어 있었다.

그게 실수였다. 남들 눈에 띄지 않더라도 바람과 친구가 되고 감나무가 그늘이 되어 주었을 텐데, 결국, 관심 없는 내 손길에 의해 자연의 흐름이 거부되고 말았다. 차라리 그냥 내버려두었더라면…….

노인

무심천에서 꽤 늦은 시간까지 운동을 하고 돌아오는 길이었다. 어스름 달빛이 비치는 골목에서 노인을 만났다. 그 모습은 창가에 놓인 수선화와 별다르지 않았다. 얼굴엔 주름으로 가득하고 몸은 여월 대로 여위었다. 챙이 달린 모자는 너덜너덜하고 바지에선 구정물이 줄줄 흘러내렸다. 바지 단을 무릎 위까지 걷어올리고는 깔아놓은 방석에 온몸을 의지했다. 양 손바닥을 번갈아 옮겨가며 길을 터 가는데 초라하기 짝이 없다. 손으로 땅을 짚어갈 때마다 세월의 무게가 느껴졌다.

노인은 오래 전부터 농토도 가꾸고 과수원도 경영하며 억척같이 돈을 모았다. 도시개발이 되면서 생각지도 않던 돈까지 굴러들어와 남부럽지 않은 인생을 꾸려갔다. 단 한 가지 걱정이라면 재산을 물려줄 자식이 없는 거였다. 조카들이 그 틈을 비집고 들어왔다. 친부모처럼 정성을 다해 극진히 모시겠다며 하루가 멀게 들락거리며 갖은 아양을 떨었다. 속내가 보였지만 노인은 여생이 걱정이 되었고 건강도 생각하지 않을 수 없었다. 아니나 다를까, 재산을 골고루 분배받은 조카들은 그 때부터 노인을 멀리했다. 노인이 병을 얻어 힘들어해도 누구 하나 거들떠보지 않았다.

그런데도 노인은 조카들을 원망하지 않았다. 그저 숙명으로 받아들였다. 날씨가 웬만하면 불편한 몸을 이끌고 '질구지' 사거리 24시간 편의점까지 기어 나와 세상과 가까워지려 했다. 누굴 기다리는지 몰라도 한밤중이 되어서야 앉은자리를 털고 일어났다.

(2005. 충북수필 제21집)

도로 돌려주고 나서야

오리백숙이 끓자마자 후후 불며 뜨거움을 넘기신다. 식사때마다 '같이 먹자, 어서 먹어.' 하셨는데 그러한 말씀도 없이. 모처럼 식구들과 같이한 밥상인데 얼마나 생명의 봄이 간절했으면 식구들 챙기는 것도 잊으시는가. 잡수시는 양은 여느 때의 절반도 안 된다. 건강하실 때엔 물 흐르는 대로 바람 부는 대로 얽히셨다. 그때그때 맛에 젖어 사셨다. 뇌리에 박혀 떠나지 않는 아버지의 풍류風流, "바다 2개는 먹어봤을 걸." 아버지는 속으로 울고 계신다.

항암 주사를 맞고 2~3일은 부작용이 심했다. 뙤약볕이 내리쬐어도 방에 불을 지펴야 했다. 솜이불을 내리덮어도, 온기를 뺏기지 않으려고 어머니가 그 위에 올라가 찍어 눌러도 뼛속까지 스며드는 한기寒氣를 이겨내지 못하셨다.

병고에 시달려 음식을 제대로 못들 때 환자들에게 산삼 같은 역할을 하고 인스턴트 시대에 사는 사람들도 대환영을 할 알약은 개발되지 않는다. 조그만 거 하나 털어 넣으면 몸에 필요한 5대 영양소가 저절로 보충되는. 그것은 아마 삶의 가장 밑바닥에 있는 1차적인 욕구이기 때문일 것이다. 먹고 입는 생리적인 욕구만큼 소중한 게 없어서. 어느 집단에 속해 감정을 조절해가며 살더라도, 자아실현을 위해 몸부림을 치더라도 알약 하나 털어 넣을 수는 없다. 포만감에 대한 거부와 단절은 인간사까지 단절시킨다. 생리적인 욕구는 신의 손짓에서도 벗어난 영역이기에 그 명예로운 노벨상을 준다 해도, 우주복을 입혀 준다는 당근을 내밀어도 개발에 손이 가지 않는 이유이다. 누가 길든 입맛을 바꾸고자 목에 방울을 달려고 할까.

아내가 옆에 있어도 음식을 손수 떠드리려 국자를 들었다. 따스한 국물이며 맛이 있다는 뒷다리까지 건져 드리려고. 그런데 그냥 놔두라 하신다. 손수 떠 드신다며 손사래를 치신다. 마음에 여유마저 사라진 것이다. 순간순간 불안해하신다. 그러길 여러 차례, 국물이 튀어 왼손 엄지손가락 부위를 데이고 말았다. 금세 아리고 쓰라려 왔다. 그렇다고 얼굴을 찡그릴 수 없다. 물컵을 식탁 아래로 내려놓고 눈치껏 손가락을 담갔다. 통증이 가셨다. 그런데 빼면 통증이 다시 올라왔다. 국물에 덴 부위가 콩알만큼 작은데 암 수술로 절반 이상을 세상에 덜어주신 아버지의 고통은 어떤 걸까?

아버지는 요즘 자신의 모습조차 보려 하지 않으신다. 방안의 거울마저 떼어내셨다. 지난 오월 칠순 생신에 함박꽃이 핀 정원에서 가족들이 모여 찍은 사진첩도 보지 않으셨다. 사진을 찍는 동안에도 어머니는 손을 잡고 어깨를 감싸며 부산을 떠셨는데도. 연분홍 꽃이 장식된 셔츠를 입으셨다가 남빛이 도는 스웨터로 갈아입고 모자도 수시로 바꿔 쓰며 꽃술을 놓으셨는데도. 아버지는 울고 계셨다. 보이지 않는 눈물을 흘리며 대신 젊었을 때의 모습을 사진첩에 한 장 한 장 채우셨다.

아버지의 손을 잡아 보았다. 거칠고 윤기가 없다. 핏기마저 없는 거무튀튀한 손이다. 아버지는 하루하루 살찌워 왔던 살덩어리들을 놓아주고 계신다. 몸에 붙은 것을 비워내신다. 정들었던 텃논과 앞 밭 과수원, 정원에 심겨진 대추나무까지 내놓으신다. 가까운 것에서 멀어져가며 이별 연습을 하신다.

내 몸은 어떤가. 산에 올라 비탈길을 내려올 때면 걷는 양이 많지 않은데도 왼쪽 무릎 관절이 삐걱거린다. 시력도 떨어져 안경을 쓴 지도 오래다. 몇 달 전 중국 여행을 할 때엔 갑자기 온 왼쪽 어깨 통증 때문에 눕지도 일어나지도 못하여 애를 먹은 적이 있다. 허리도 굽어 오는지 아이들이 "아빠 키가 작아진 것 같아." 할 때는 서럽다.

누구도 세월 앞에서는 작아진다. 느끼며 부대끼고 울다가 숨을 가다듬고 베풀며 마음 주다보면 시간은 쏜살같은 강물이 된다. 주변은 허전함으로 채워진다. 하루하루 보내면서 그렇게 또 다른 것을 내주어야 한다. 쓰다가는 뺏기는 것이다. 시원찮은 것은 고쳐 쓰고 기능이 저하된 것은 새로운 것으로 갈아 끼워야 하는데 마음만 바쁘다.

태어날 때 가지고 온 것들을 도로 돌려주고 나서야 용서를 받는 건가.

(2006. 청풍문학 제10집)

무풍지대無風地帶

공깃밥이 1,200원이다. 잡곡이 든 참살이밥은 1,800원. 여기선 손이 멈칫한다. 다슬깃국 2,000원, 김치 한 접시 1,200원, 삼치구이 2,500원. 꿰맞추는 퍼즐 조각처럼 그 맛도 낯설다. 병원 밥이라 더 그렇다. 그것만이 아니다. 하루에 1만 원이 조금 넘는 6인 병실도 있지만, 2인실이 128,000원, 1인실은 30여만 원이 넘는다. 살아온 방법의 차이나 재수 때문에 어쩔 수 없는 선택이다. 대인관계나 권력의 영향력에 따라 큰 수술이면 2~3달을 기다리기도 한다. 사람도 돈에 따라 선택되고 등급이 매겨진다.

CT 촬영이나 MRI며 조영 촬영, 각종 검사와 수술의 부작용을 염려한 심전도 검사, 그 밖에도 수많은 절차나 과정, 정확한 진단과 치료를 위해 필요한 것들이지만 너무나 까다롭고 복잡하다. 직원 하나가 맹장이 다 터지고 나서야 수술을 받았듯이 치료과정에서도 등급이 너무나 구분되어 있다. 등급에 익숙했던 사람들은 그 이상의 진찰과 치료가 더 있느냐 하겠지만 1차 진료 기관에서 행했던 각종 검사나 노력은 헛수고이며 참고 자료일 뿐이다. 결국, 문명이 발달하면 발달할수록 사람들은 더 심하게 얽매어질 것이다.

일상의 생활도 형식이 많고 절차에 멍든다. 내가 살고 있는 순간순간의 삶의 조각들도 남에게 보여주기 위함이다. 지신의 부족함을 채우기 위한 실제 행위가 아닌 가식과 형식에 치우친 내보이기 위한 삶. 다가오는 너를 위해 치마를 입고 분을 바르듯이 저만치서 걸어오는 사람들의 발걸음 소리를 먼저 듣는다.

시간이 깊어갈수록 병상마다 커튼이 드리워진다. 흐릿한 천장 불빛이 아버지 이마 위로 내려앉는다. 주름 사이로 빛이 괸다. 주름은 아버지가 걸어온 길이다. 등급을 높이는 과정에서 쌓인 삶의 찌꺼기. 그런데 각종 수치들은 허망함과 슬픔이 적셔진 4사 분 면에 많이 기울어져 있다. 피로도疲勞度가 높다. 양의 방향으로 돌아가기 위해서는 세월의 얼룩과 노폐물을 혼자서 걸러내야 하는 부담을 안고 있다.

다들 잠든 밤이지만 잠이 오지 않았다. 아버지를 지켜보는 난 새는 날이다. 선반에 놓인 책을 꺼내들고 복도로 나왔다. 바람소리가 창을 두드린다. 뿌옇다던 서울의 밤하늘마저 오늘따라 유난히 맑다. 별이 보인다. 올림픽 대로에서의 차량의 질주는 여전하다. 희망의 불꽃. 도전과 질주. 우주 삼라만상의 심장은 그렇게 뜨거운데 복도를 흐르는 숨소리는 자꾸만 사그라진다.

창가 스팀 난로에 앉아 희망을 건져 올린 사람들의 이야기에 귀 기울인다. 병마를 물리치고 제2의 인생을 살고자 하는 자신은 물론, 가족들의 아픔이 구구절절하다. 말기암 판정을 받거나 백혈병에 걸린 사람, 간을 떼어내고 위를 잘라낸 사람, 이 세상은 온통 병으로 얼룩져 있다. 들어보지 못한 희귀하고 괴괴한 병도 있다. 온몸에 암이 번져 치료할 수 없어 갈랐던 배를 다시 꿰맨 환자의 고통과 절규를 어찌 알랴. 그들 모두 건강에는 자신만만해했던 사람들. 이런 고통이 있는 줄 몰랐다. 혼란스럽다.

삶을 재생하는 귀로에서는 있어도 소용이 없다. 오직 밝아오는 태양 아래 서고 싶을 뿐이다. 먹이를 물러 나간 어미새를 기다리는 심정으로 의료진의 발걸음 소리에 귀 기울인다. 배선실에서 올라오는 미음 한 종지나 밥 한술의 배부름에 만족한다. 고향의 언덕을 그리고 병문안 오는 가족들의 손을 움켜쥔다.

기나긴 복도, 깊은 밤, 형광등 불빛만이 시간을 깨운다. 환자 한 분이 링거를 스탠드에 매단 채 기우뚱거리며 걷는다. 내일의 시간이 있음에도 오늘의 시간을 아까워한다. 한 발짝 한 발짝 옮겨가면서 깨어나고 있는 것이다. 아무도 없는 공간 속에서 자신의 몸을 불태우며 새로운 희망을 읽고 있다.

졸음이 오지 않았지만 눈을 붙여야 한다. 다른 곳에서는 몰라도 억지로 참는 건 환자들에게 미안한 일이다. 쥐 죽은 듯한 병실, 환자들은 모든 것을 비운 듯하다. 똑같은 가운을 입고 잠들어 있다.

바깥에서는 어떻게 살았든 간에 여기 이들에게는 그러한 등급이 필요치 않았다.

(2006. 충북수필 제22집)

인생 80고개

아파트 뒤편 양지바른 산에 올랐다. 높지도 않아 어린애 형제가 봄볕 속에 묻혀 놀고 청설모도 소나무에서 내려와 풀밭에서 여유를 부린다. 아이 하나 거느리고 도서관을 향해 걸어오는 여인도 있다. 산을 반 바퀴 도니 한옆 밭둑에선 중년 부인들이 냉이를 캐며 봄바람을 즐긴다.

인생길도 산을 닮았다. 억지로 넘든 바로 넘든 살아가는 동안 산을 넘어야 한다. 산속에 묻혀 살아야 한다.

세 바퀴째 도는데 롤러브레이드를 타던 아이가 내 곁을 스쳐가며 들릴 듯 말 듯한 소리로 말을 걸어왔다. 귀에 들어오지 않았다. 어린 동생과 나누는 얘기겠지 하며 흘려듣고 말았다. 평평한 길이 나오면 뛰고 가파른 언덕에서는 호흡을 고르며 뱃살을 줄여볼까 하는 마음뿐이었다. 잠시 후, 네 바퀴째로 접어드는데 반대방향으로 돌던 그 아이가 나와 마주치자, 또다시 말을 걸어왔다.

“몇 바퀴째예요?”

‘그랬었구나. 아까 아이는 나에게 말이라도 붙여보고 싶었던 것이었구나.’

“응, 네 바퀴.”

아이는 내 대답을 듣자, 알았다는 듯 더 이상의 대꾸가 없다. 마음에 없는 나를 뒤로하고 롤러브레이드에만 열중했다. 나무뿌리가 앞에 나타나면 옆에 있는 나무를 잡으며 한 발을 들어 벗어나고, 울퉁불퉁한 노면을 만나면 요리조리 피해가면서 제 길을 갔다. 안경 너머로 흘러내리는 땀을 연방 훔쳐내며 한 걸음 한 걸음 옮겨갔다. 어린 남동생도 제 형의 뒤꽁무니를 따르며 산과 친해지고 있다.

희망이 있다. 기댈 언덕과 어루만져주는 손길이 있어 살 만한 것이다. 비바람이 몰아쳐도 꽃내음 남아 있고 눈보라 속에서도 움은 트기에 산은 오를 만한 것이다.

아이와 있던 일을 잠시 접어두고 언덕으로 향하는데 빗방울이 떨어진다. 지난해 겪은 아픔의 상처를 또 건드리고 만다. 안경알에 아버지의 잔상이 맺힌다. 인생길에서 겪었던 제일 큰 시련. 아버지는 1년여 동안 병마와 씨름하다 짐 보따리를 내게 던져 놓으셨다. 그리고는 채 한 달도 안 되어 사랑채마저 헐어내야 했다. 사랑채는 72년을 버티어 오다 대들보가 뽑히자 먼지 폭풍과 함께 사라져 갔다. 다시 빗줄기가 굵어지기 시작한다.

언덕에 올라서니 공터 한복판에서는 중년 여인 넷이 훌라후프에 여념 없다. 비행기가 날개를 펴고 활주로에서 기세등등하게 하늘로 솟구칠 때처럼 여인들은 두 팔을 수평으로 한껏 벌리고 정신없이 얘기꽃을 피운다. 그 근처를 지나가는데도, 그 모습을 빤히 쳐다보는데도 상관 않는다. 처지긴 했지만 아직도 풍만한 젖가슴을 사정없이 흔들어대는가 하면 궁둥이도 내 쪽으로 향하게 하고 씰룩거린다. 부끄러운 것 없이 늘어나는 뱃살만 걱정하나 보다. 아줌마들은 듣던 대로 용감하다.

이제 1년여의 시간이 흐르면 내 나이 50에 접어든다. 세월이 참 빠르게 느껴진다. 세월을 느끼는 속도도 나이마다 다르다지. 10대에서 30대까지는 제 나이에 해당하는 속도로 흐르지만 40대부터는 가속도가 붙는다고. 얼마 안 있어 100㎞로 달리는 자동차의 속도감을 맛봐야 한다.

사느라고 정신없이 달려온 세월이다. 앞만 보고 달려왔다. 아이가 말을 걸어와도 대면하지 않은 것처럼 한 푼이라도 더 벌어야겠다는 생각만 했다. 봉급이 쥐꼬리만 해도 모으고 모아 뭐라도 마련해보려 했다. 산을 넘고 봉우리를 오르면서 푸른 꽃을 보려 했다. 이마에 흐르는 땀을 훔치듯 순식간에 흘러간 세월, 막내마저 내년이면 대학생이 된다. 걱정거리가 아니었던 것들마저 하나하나 내 품으로 넘어와 걱정거릴 만든다.

다섯 바퀴를 돌고 났는데 어깨가 처진 노인 한 분이 비탈길을 내려간다. 아직은 몸 가벼워 뒤를 따를 수 없어 조심스레 앞서갔다. 운동을 하는 사람들도 바뀐다. 인생길 쉰 고개 넘으면 목숨을 장담할 수 없듯이 산에도 주인이 바뀐다.

한 바퀴 한 바퀴 숫자를 더해갈 때마다 숨이 차오르고 언덕에서는 호흡이 거칠어진다. 여섯 바퀴를 돈 것 같은데 일곱 바퀴를 돈 것처럼 느껴진다. 숫자에서 혼란이 왔다. 확인해보고 싶다. 아내와 같이 운동을 할 때는 한바퀴를 도는 데 5분이 걸리지만, 4분 정도면 충분하다. 쉼터에 걸려진 시곗바늘은 2시 50분을 가리킨다. 여섯 바퀴를 돈 게 맞다.

걷는 것도 뛰는 것도 나와 속도가 맞지 않지만 난 그 동안 아내와 운동을 같이해 왔다. 얼마 전엔 TV 홈쇼핑에서 운동복도 한 벌씩 사 입었다. 그런데 공교롭게도 사 입자마자, 아내는 다리 관절이 안 좋다며 병원에 다녔다. 침을 꽂으며 뼈에 영양 주사를 맞았다. 몇 년 전 속리산을 화북 쪽에서 오를 때였는데 돌계단이 많아 속도를 내지 못하고 힘들어하자, 혼자 줄달음해 올랐었다. 아내는 거기에 자극받아 어느 산이라도 오를 만큼의 체력을 키워왔다. 인생 육십이면 바쁜 일이 없어도 혼자서 산을 자주 오르내려야 할지도 모른다는 생각이 불쑥 올라온다.

뒤에서 발걸음을 빨리하며 다가오는 사람이 있다. 나도 운동하면 알아주는 사람인데 밟아오는 속도 엄청나다. 슬며시 뒤를 돌아다보았다. 아무도 없다. 내 발걸음 소리에 내가 놀란 거다. 걷느냐고 걷는데도 속도가 느려지나 보다. 괜히 누가 앞서가나 해서 불안해 한다.

얼마 전, 점을 보니 내 나이 팔십까지 산다고 했다. 아버지의 삶을 생각하면 많기도 하지만 수명이 5년마다 1년씩 늘어나는 걸 계산해 보면 짧게도 느껴진다. 그 나이에 아이는 내 나이가 된다. 어찌된 일인지 나이가 들어가면서는 점집을 자주 찾는다.

여덟 바퀴 넘는 것은 내 인생의 보너스다. 또 하나의 산을 얻는다.

3_ 봄을 가장 좋아하는 이유는

봄을 가장 좋아하는 이유는
봄의 한가운데
봄날에 이렇게 눈이 내리는 것은
백화산 가는 길
봄비가 내리는 아침
무심결에 떠난 여행
메밀꽃은 피었는가
가을이 멀어져 가는 풍경
겨울이 남기고 간 건
눈 내리는 밤거리를 걸으며
나 홀로 눈길에

봄을 가장 좋아하는 이유는

계절은 가고 오는 것. 밀물처럼 요란스레 밀려왔다가 썰물처럼 조용히 스러져가기에 창가를 스치는 바람이다가도 거친 폭풍우를 몰아친다. 한 폭의 비단처럼 아름답게 수를 놓고 황금물결로 넘실대다가도 세상을 뒤덮는 눈송이의 고약함을 보인다. 그런 우주의 질서 속에서 살아간다. 각자 몸을 맡긴다. 자연의 힘에 순응해 가면서 마음을 가다듬고 자연의 진리에 귀 기울이며 미래를 가꾸어 간다.

그런 계절 중에서 나는 봄을 가장 좋아한다. 봄이 가장 설렌다. 봄은 물기를 머금은 새색시의 볼처럼 앙증스럽고 풋풋하기에 그렇다. 비어 있지만 채워진 것 같고 메마르지만 언제나 젖어 있는 것 같아 마음을 뺏긴다. 만만하게 보았던 바람이 간혹 귓불을 스칠 때는 움츠러들기도 하지만 모나고 황량한 벌판처럼 거칠지 않아서 부드러움에 젖어들기 쉽다. 속마음을 풀어내는 청량제 같은 구실을 하기에 젊어지는 기분이 든다. 가진 것 많지 않지만 부푼 마음으로 살 수 있고 꿈과 희망을 품을 수 있게 해주니 가슴이 따뜻해진다. 그것 말고도 나는 봄을 좋아하는 이런 저런 이유가 있다.

봄은 너무 조용해 구름 같다고 하지만 무정하지는 않다. 강한 열정을 몰고 오지만 호들갑스럽거나 들뜨게 하지 않는다. 옆사람의 얼굴을 한 번 더 올려다보게 하고 낯모르는 사람들에게도 가볍게 다가가 말을 걸어도 흠이 되지 않는다. 계절의 감각을 잃고 지내는 사람들도 먼 산을 올려다보고 창문을 열어젖힌다. 앞날을 윤이 나게 치장하려고 기운차게 기지개를 켜기도 한다. 방안에 누워 천장만 바라보는 사람들도 이때는 가슴이 울렁거려 밖으로 나오지 않을 수 없다. 저절로 자연을 노래하고 삶을 담금질하는 시인이 된다.

그렇다고 봄이 오면 무턱대고 무얼 바라는 것도 없다. 뭐가 되겠지 하며 막연한 생각을 품지도 않는다. 우리가 부부지간이나 알고 지내는 사람끼리 무덤덤하게 지내다가 갑자기 보고 싶거나 목소리를 듣고 싶어 전화를 걸어도 하고 싶던 말은 하지도 못하고 '그냥' 이라는 말 한마디로 얼버무리듯이, 나도 그냥 봄이 그리워진다.

"뭐 때문에 전화했어, 무슨 일인데?" 하면, 마지못해 "음, 그냥 했어. 그냥. 일은 무슨 일?"이라고 싱거움을 떨듯 그렇게 싱거움을 떨고 싶다. 가슴속에 할 말을 많이 담아놓았더라도 그냥이라는 말 한마디로 그 대답을 대신하고, 애절한 그리움이나 간절한 떨림이 스멀거려도 그냥이라는 말 한마디로 마음을 고백하듯이 나도 그냥이라는 말 한마디로 내 마음을 보여주고 싶다. 그 한마디로 봄에 대해 무한한 의미를 새기며 봄의 설렘을 노래하고 싶다.

오늘도 차창 밖으로 흐르는 풍경에 내 맘 주고 만다. 새 옷으로 갈아입으려는 자연의 채색에 마음을 들키고 만다. 왜 이렇게 봄은 나를 그냥 내버려두지 않는 걸까. 가슴속에 깊이 묻혀 있던 사랑이 봄을 보고 속삭이는가 보다. 맘 풀어내고 싶어 못 배기는가 보다.

(2005. 청풍문학. 제9집)

봄의 한가운데

하루 햇볕이 계절을 바꿔놓은 듯 봄 냄새가 물씬 풍기는 한낮의 오후다. 하늘은 구름 한 점 없고 그렇게 봄을 시샘하던 바람도 오늘은 잦아들어 한껏 즐기기에 그만이다. 어쩌다 남실거리는 바람만이 콧등을 간질일 뿐 내리쬐는 햇볕은 따사롭다 못해 연인의 손길처럼 부드럽고 달콤하다. 어깨를 감싸고 돌 때에는 포근함이 느껴져 그 자리에 털썩 주저앉아 버릴 지경이다.

정원에는 누가 먼저라 할 것 없이 서로 먼저 꽃을 피우려 고개를 내민다. 봄 향연에 뛰어드는 모습은 너나 할 것 없이 앙증스럽기만 하다. 노란 얼굴을 가진 민들레며 하얀 빛깔의 봄맞이꽃, 진한 자주의 제비꽃까지. 식목일 행사 때 거름을 주고 흙덮기를 해준 라일락이며 산수유나무도 새순을 틔우느라 정신이 없다. 건물 담에 기대어 있는 벚나무와 목련도 박속 같은 치아를 드러내며 오월의 신부처럼 웃음 지으며 봄 길을 안내한다.

교육청과 길 하나를 사이에 두고 있는 군청 뜰에는 개나리와 영산홍이 모둠으로 꽃을 피우고 맞은편에 있는 법원 등기소 담벼락에는 살구나무가 제철을 만난 듯 연분홍 물결이다. 윤이 나는 꽃잎과 하늘에 반사되는 빛깔이 너무나 눈부셔 어디에 눈을 맞춰야 할지 모를 지경이다. 어디에서 날아왔는지 삼삼오오 몰려든 아가씨들은 살구나무 꽃향기 속에서 봄을 노래하느라 여념이 없다. 노란 꽃무늬 티셔츠 차림의 단발머리 소녀는 깨금발로 꽃향기를 맡는가 싶더니 건너지 못할 강을 건넜을 때처럼 초조함으로 꽃잎을 살며시 내려놓는다. 살구나무와 조화를 이룬 우윳빛 얼굴들은 금세 수줍음으로 물든다.

점심을 먹고 나면 모두 직원들 모두 여느 때처럼 쏜살같이 사무실로 들어가곤 했는데 오늘은 다들 약속이라도 한 듯 정원으로 발걸음을 옮겨간다. 짧은 시간이지만 봄 향기를 맡으며 세월을 노래하고 싶나 보다. 다들 조금 전에 보고 온 아가씨들의 몸짓을 따라하고 싶은가 보다. 잔디밭에 옹기종기 모여 앉아 꽃잎을 어루만진다. 마음속의 어둠을 가셔내는가 하면 사무실에서 못다 한 얘기를 풀어낸다. 우썩 자란 토끼풀을 가리어 행운을 빌고 은혜로운 햇볕에 감사의 기도를 올린다.

작년 7월에 신규로 입사한 J양은 우리에게 점심시간의 시작과 업무의 끝남을 괘종시계처럼 알려주는 게 전부지만 토끼풀 뿌리가 그렇게 길고 번식력이 좋은 줄 몰랐다며 홍조를 띤다. 신기한 표정을 짓는다. 방금 사무실에서 나온 K양도 학교에서 토끼 한 마리를 얻어 집에서 키우고 있는데 토끼에게 가져다줄 식량을 얻어가니 너무나 좋다며 웃음이 그치질 않는다. 금방 소녀시절로 돌아간 듯 봄날의 햇볕에 감사하고 있다. 옷에 티끌 하나만 묻어도 바람처럼 거울로 달려가던 처자들이 털썩 주저앉아 봄을 노래한다.

고즈넉하게 꽃을 피운 산수유나무 곁으로 다가가니 코끝으로 봄 내음이 스민다. 교육청 정원에 제일 먼저 꽃 소식을 전하는 봄의 전령이기도 해 애착이 가는 나무다. 수필가로 등단할 때 산수유나무의 자태를 닮아 조심스럽게 글을 쓰자고 다짐했던 때도 이맘때다.

"노란 꽃을 피우는 산수유나무는 거센 바람 불어도 소녀의 머리칼처럼 잔잔하게 꽃잎 흔들며 조용히 봄기운을 받아들입니다. 다른 나무들보다 먼저 꽃을 피우지만 자만해 하거나 우쭐해 하지 않음에 나 자신도 산수유처럼 조심스럽게 수필의 밭을 갈아보려 합니다."

정원을 돌아 청사 뒤편 뜰을 거닐 때였는데 차석인 S가 무엇을 보았는지 크게 소리친다. 가리키는 곳으로 눈길을 돌리니 건물을 지지하는 경사진 언덕에 제비꽃이 만발해 있다. 보랏빛이 대부분이지만 군데군데 하얀 꽃이 무리지어 있다. 색깔이 너무나 곱고 윤기가 흐른다. 이곳은 경사진 언덕이고 후미진 곳이라 찾아주는 사람도 없다. 모래가 뒤덮인 척박한 땅이라 겨우내 찬바람 속에서 몸을 숨겼었다. 그렇기에 한동안 발걸음이 떨어지지 않았다. 산들거리는 바람에 꽃잎이 흔들릴 때마다 나 또한 같이 흔들린다. 탄성만 뱉어냈다.

불현듯 작년에 야생화를 심겠다고 사다 놓은 화분이 생각났다. 작은 돛단배 크기로 드럼통을 옆으로 뉘어놓은 모양인데 몸통에는 대나무가 그려져 있고 색깔도 은은하여 제비꽃과 잘 어울릴 것 같았다. 자연 속에 있을 때보다 다소 시련을 안기겠지만 사무실로 옮겨지더라도 꽃은 아름답다. 봄기운을 불어넣고자 하는 생각에 단숨에 달려갔다. 허둥대며 사무실에 들어서는 모습을 본 동료는 '무슨 좋은 일이 있느냐.' 라며 말을 붙인다. 듣는 둥 마는 둥했다. 화분을 들고 나오자, 창가에서 내다보며 소리친다.

"아이! 어린아이 같아요."

"처녀 죽은 바람이 나를 유혹을 해. 나와 보면 알아."

봄의 향연에 나는 소녀 하나를 더 끌어들이고 있었다.

봄날에 이렇게 눈이 내리는 것은

새로움의 시작, 3월. 무거운 계절인 겨울을 벗어나 목소리가 카랑카랑해지는 상큼한 봄이다. 공기는 따스해 한동안 서 있으면 등허리가 뜨거울 정도다. 게다가 불어오는 바람은 얼마나 감미로운지 집에 있는 사람들을 가만 놔두지 않는다. 버들강아지 피어오르고 봄꽃을 피우려 서로 고개를 내밀며 아우성칠 게 눈에 선하다. 가물가물한 아지랑이에 꾸벅꾸벅 졸아도 밉지 않은 계절, 봄. 희망과 기쁨을 주고 가슴속의 설렘으로 누군가를 기다리게 하는 봄. 주변에서는 그리운 짝을 찾아 나서고 사랑의 싹을 틔울 준비로 하루해가 부족할 거다.

하지만 누가 봄이 온다고 했는가? 누가 외출을 준비하고 있는가. 너도나도 두꺼운 외투를 벗어 던지고 벌판으로 뛰어나가려 하지만 겨울의 기운이 가로막고 있는데. 칙칙하고 무거운 세상의 커튼을 밝은 색으로 바꾸려 하지만 겨울 해가 아직 지지 않은걸.

지금 내린 눈은 눈이 아니다. 마음을 도려내는 아픔이고 살을 에는 눈물이다. 가고 싶은 길, 가야만 하는 길을 막아서고, 일어서려는 사람들의 마음마저 주저앉게 한다. 새날을 맞아 가슴속에 간직했던 희망은 물론, 그 동안 일궈 놓았던 생활의 터전마저 송두리째 앗아가 버렸다. 물이 가두고 바람이 날아도 이렇게 거칠고 험하진 않았는데 새로운 생명의 탄생과 미래를 거부하기까지 하는 신의 분노다. 경천동지驚天動地할 일이고 청천벽력과도 같은 사태다.

제철에 내리는 눈보다도 그 양이 어마어마해 사람들은 그저 손을 놓고 바라보아야만 했던 때 아닌 폭설. 혼돈과 무질서, 잡음과 뒷걸음, 끊이지 않은 소인배들의 욕심과 헛된 야망은 그냥 내버려둔 채 하늘만 바라보고 사는 민초들의 가냘픈 몸뚱이만 묻고 말았다. 손바닥 뒤집듯 말을 바꾸거나, 그건 아니야, 하면서 편견적인 잣대로 무대를 휘어잡는 썩은 싹은 잘라내지 못하고 음지에서 갈길만 가려 했던 고운 손에 먹물만 튀게 했다.

치졸함과 번잡함이 난무하는 시간 속에 있기보다는 눈꽃같이 깨끗하고 아름다운 하루를 살고, 물에서 갓 잡아 올린 생선의 푸른 비늘처럼 맛깔스럽고 살맛나는 세상이 하루빨리 왔으면 하는 마음인데, 이렇게 눈발이 날리는 것은 너무 들뜨거나 흥분하지 말라는 자연의 가르침은 아닐는지. 봄을 맞을 준비를 해 놓고서 봄을 받아들이고, 마음의 창을 열어 놓은 다음에야 불어오는 미풍을 느끼고 꽃을 노래하라고 그러는 건 아닌지. 뜻대로 되지 않으면 얼굴을 찌푸리다가 영광이 들이닥치면 어제의 아픔을 금방 잊어버리고 마는데, 내가 언제 그랬느냐는 듯이 과거를 잊어버리려 하는 간사한 사람들의 마음을 돌리게 하려는 건 아닌지.

이렇게 좋은 날, 꽃과 나비가 날고 감미로움이 펼쳐질 따뜻한 봄날에 벌이 일침을 가하듯 저렇게 눈발이 몰아치는 것은 좋은 일은 마음에 가두고 슬픔과 고통은 반으로 나눠 가질 수 있는 마음을 기르라고. 욕심을 채우고 채워도 죽을 땐 동전 세 닢만 가지고 가니 세상 아등바등 살지 말라고. 연인의 간지러움이 내게 다가와도 차가운 겨울바람에 놓여 있는 사람들의 어깨를 먼저 보듬으라고 하는 세상의 가르침일 게다. 때 아닌 봄날에 이렇게 눈이 내리는 것은.

(2004. 4. 16. 충북일보)

백화산 가는 길

우암산 기슭에 붙어 있는 백화산白花山은 해발 247m로 2시간 정도면 충분히 오르내릴 수 있어 우리 부부가 즐겨 찾는다. 산세가 아름답고 경치가 빼어난 건 아니지만 등산객들의 발길을 붙잡는 그 무엇이 있다. 집에서 30분이면 언제나 다가갈 수 있기에 부담도 없다.

길을 나서자, 아내는 아이처럼 들뜬다. 하늘을 올려다보며 도시의 풍경을 담아 간다. 예전에 살던 아파트 뒤뜰에 다다르자, 살던 사람들이 그립고 밟던 땅의 감회가 되살아왔는지 발걸음을 멈춘다.

어렵던 신혼시절이다. 장남이라 물려받을 게 많을 거라 잔뜩 기대를 걸었지만 눈물이 마를 날이 없었다. 꿈에 부풀었던 신부는 불행하게도 전세 200만 원짜리 단칸방에서 신접살림을 차려야 했다. 목련 나무를 바라보며 희망을 읽어갔지만 안개 같은 나날이었다. 흐드러지게 핀 목련꽃을 바라보며 여유를 갖는 그 자체가 사치였다. 하숙비가 10만 원 하던 시절, 주머니에 들어오는 돈이 채 5만 원도 안 된다고 하자, 대학을 졸업한 사람 봉급이 그럴 리 있느냐며 곧이듣지 않았다. 쥐꼬리만 한 봉급에 또 한번 실망을 했다. 청주에 나와서도 나아지지 않아 단열이 안 되는 옥탑방에서 연탄난로를 피우며 갓난애를 키워냈다. 목련은 북쪽 마을의 바다지기와 하늘나라 공주의 슬픈 사랑의 전설을 간직한 외로운 나무다.

지금은 주인이 바뀐 상태에서 목련을 바라본다. 잎도 무성하고 줄기에도 힘이 있다. 2층까지 덮을 기세다. 아내의 꿈도 목련나무의 키만큼 올라섰어야 하는데. 사랑을 먹고 자란 나뭇가지처럼. 지난날이 어떠하든 아내는 고생하던 그 시절이 기억에 남는다고 되뇐다. 다 용서하자며 말을 이어간다. "여기 사람들은 된장찌개같이 인정이 구수했어. 서로 어울리며 웃음을 나눌 줄도 알았어."

얼굴에 주름은 늘어가지만 생각하는 건 바다를 닮아가나.

한참을 걷자, 서로 약속이라도 한 듯 솔밭에서 발걸음을 멈추었다. 시원한 바람이 등에 맺힌 땀방울을 거두어 간다. 청설모가 아가씨의 치맛단처럼 살랑살랑 소나무 가지를 흔들며 재주를 부린다. 나뭇가지를 넘나들고 밑동까지 타고 내려가기도 한다. 얼마나 동작이 빠른지. 그때 회색 빛깔의 깃털을 가진 산새가 날아들었다. 거침없이 나대는 청설모의 모습이 싫어 이제야 당도했나 보다. 소나무 가지에 몸을 숨기고 '삐오 삐오, 삐르르 삐르르' 사랑을 노래한다. 주변을 맴돌다 싫증이 나면 다시 돌아와 아름다운 선율로 교태를 부린다. 까치도 얼굴을 내민다.

소나무 숲 사이로 나 있는 길 따라 사람들은 제각기 흔적을 남긴다. 삼삼오오 짝을 지어 새털처럼 너울댄다. 분홍빛 잠바를 입은 여인, 아들딸을 동행한 부부, 초등학교 4~5학년 정도 되는 공주들도 동참을 했다. 같은 색깔의 복장을 갖춰 입은 중년 부부는 봐 달라며 눈짓을 보내고 어린애 하나는 허리가 휜 아빠의 목에 매달려 재롱에 빠져 있다. 그런 모습을 지켜보며 걷던 아내가 살며시 손을 잡아온다. 나무줄기를 후리며 장난을 걸고 어깨에 기댄 채 오사바사한 말을 쏟아낸다. 진작 길을 나설 걸…….

오늘은 산 중턱에 놓인 의자를 차지하지 못했다. 중년 부부의 배짱이 두둑해 하는 수 없이 조금을 더 걸어 낯선 의자에 몸을 맡겼다. 어디건 어떠랴. 정들면 마음의 고향인데. 보온병에서 커피를 따라 비스킷을 적셔가며 봄을 맞을 준비를 하는 풀잎들을 바라본다. 생명력이 있다. 나무줄기엔 푸른빛이 돌고 진달래도 불그스레하게 꽃 움을 틔운다. 청주 시내의 풍경이 한눈에 들어오고 아파트 단지도 조그만 점으로 변해 다가온다. 거리에선 자동차들도 드문드문 시간을 이어간다. 어떤 연緣을 매달고 가는지 모르지만 오래도록 지속했으면 싶다. '묵방리' 마을에선 저녁밥 짓는 연기가 피어오르고 개 짖는 소리가 들려온다. 소리가 요란한 걸 보니 동네에 낯선 손님이 찾아들었나 보다. 얼마 안 있으면 으스름달이 떠올라 산허리에 걸리겠지.

쉬엄쉬엄 오르다 보니 정상이다. 쉼터에는 철봉과 평균대, 근육 운동에 필요한 역기며 허리 운동에 좋은 훌라후프와 줄넘기도 놓여 있다. 각자 운동 기구에 매달려 힘자랑을 한다. 노인네들도 뒤질세라 나무 몸통에 배를 부딪쳐가며 주름을 편다. 그들 틈에 끼어보려 했지만 기회가 오지 않는다. 그래도 오길 잘했다는 생각이 든다. 늘 가까이 했던 것들에서 멀어져 있었는데. 사람 냄새가 좋다. 소식을 모르던 친구를 만났을 때는 얼마나 기뻤던가. 자주 보는 동네 사람들마저 반가워 오랫동안 손을 놓지 못했다. 누구에게나 다가갈 수 있는 행복 도시. 인생 나루터. 순백純白의 삶을 사는 사람들의 발길이 넘쳐나는 백화산!

얼마 지나지 않아 산 이름대로 하얀 꽃이 흐드러지게 피어날 텐데, 아내와 약속한 그날이 있기에 마음이 벌써부터 들떠온다.

봄비가 내리는 아침

비가 온다. 소리 소문 없이 비가 내린다. FM 라디오 프로그램을 듣던 중 진행자가 오늘 날씨를 "하늘을 톡 치면 금방이라도 비가 쏟아질 것 같다." 했는데 봉선화 터지듯 하늘이 열렸다. 여성들이 변성기를 겪으면서도 느낌이 작아 있는지 없는지 모르고 지나가듯 그런 가벼운 떨림이다. 그 떨림에 온 누리는 두꺼운 거죽을 베껴내고 대지는 어둠을 걷어낸다.

새싹은 떨림이 작은데도 놀라 멈칫거린다. 가녀린 여인의 나풀거림에 금세 꽃잎을 이파리 속으로 감춘다. 두려움에 손사래를 치고 거친 숨결을 내뱉는다. 그 모습에 놀라 잠시 빗줄기가 가늘어지기도 하지만 장난기를 멈추지 않았다.

불을 놓아 주변이 시꺼멓게 변해 보기 흉한 자리, 이 비가 그치고 나면 잔혹함 대신 푸른 새싹을 틔워 내리라. 두꺼운 땅 거죽을 비집으며 긴 호흡을 이어가리라. 민들레며 제비꽃도 그 토양 위에서 환한 웃음 지을 것이다.

사랑에 목말라하며 처녀의 가슴을 울렁이게 하였던 갈대도 봄비 속에서 다시 한번 흔들린다. 자기 삶이 불태워진 자리에서 새로운 질투를 뱉어낸다. 이 가슴 저 가슴 옮겨다닐 설렘으로 파장을 만들어낸다. 몸을 감싸던 옷가지를 풀어내고 싶어서 겨우 내내 얼마나 답답했겠는가. 만져지는 시원한 바람에 고마워하며 마음의 선물이라도 전하고 싶어 했는데 그러하지 못해서.

물이 부족해 바닥을 드러내던 무심천도 살며시 비 뿌려줌에 감사해 물길이 반지르르하다. 대지에 희망의 씨앗을 틔우며 잡풀들의 질투와 거친 바람을 잠재운다. 물줄기를 틀어 썰매장으로 사용되었던 곳도 이제야 길이 트이니 속이 후련한가 보다. 졸졸졸 흐르며 살랑대는 그 물결에 왜가리가 어느새 찾아들어 목을 담근다.

안개가 살짝 번진 하늘을 보니 금방 비칠 비는 아니다. 움츠렸던 가슴을 열고 기지개를 켤 만큼의 비다. 허무와 공허감으로 물들었던 내 마음도 갈증을 느꼈던지라 비의 양이 적으면 손을 놓아주지 않으리라. 내릴 때 내려주고 적실 만큼 적셔줘야 그게 세상인심 아닌가. 목말라하는 사람들의 소원을 들어주고 가슴까지 적실 만큼의 비를 뿌려야 봄비라 할 수 있지. 그러하지 않으면 여인이 청승맞게 흘리는 눈물이라고 몰아세울 거다. 돈에 팔려 가는 가벼운 연인이라고 천대할 거다.

봄비를 마주할 때는 아무런 준비가 없어도 된다. 새색시가 어머니 품속에서 흘리는 눈물처럼 그 양이 많거나 넘치지 않으니 어느 누구의 눈치를 볼 일도 없다. 여름철 지축을 흔드는 불청객처럼 포악스럽지도 않거니와 편안한 여가를 방해하지도 않기에 거부감이나 부담감 또한 없다. 그러기에 그저 내 집 드나들듯 편안히 맞이하면 그만이다. 여럿이 모여 앉아 장떡을 부쳐 먹으며 동동주 한잔 나누듯이 그렇게 웃으면서 받아들이면 된다.

봄비는 누구에게나 주어진 축복이다. 특정인이 아닌 모든 사람들에게 주어진 기쁨이다. 배고픈 사람이나 비둘기처럼 마음이 가벼운 사람에겐 사랑을 느끼게 한다. 먼데서 찾아오는 친한 친구를 오랜만에 만날 때처럼 언제나 버선발로 맞을 수 있는 그런 즐거움을 준다. 서녘 해처럼 마음이 가라앉을 때나 마음에 불을 지필 때에도 이것만 한 게 없다. 들뜨거나 흥분하지 않고 들녘을 적시는 산뜻함이 있기에 더없이 나는 봄비를 좋아한다.

이렇게 봄비가 내리는 아침! 떠오르는 태양을 바라보며 원대한 꿈을 품는다. 차분하게 내리는 봄비를 바라볼 줄 아는 사람들은 그 맘 변하지 않았으면 하고 기도한다. 생각이나 행동거지가 변하지 않는 사람들이나, 가지고도 가지지 않았다고 이웃집을 기웃거리는 자가 있다면 오늘 내리는 빗물에 고스란히 몸을 맡겼으면 하는 마음이다. 원하지 않았을 때의 비는 무거움이지만 때맞춰 내리는 비는 달콤함이다. 많았을 때 손에 쥐어주는 것은 귀찮음으로 다가오지만 배고플 때의 빵 한 조각은 은혜로움이다.

새로운 눈으로 세상을 바라볼 수 있도록 더러움까지 씻어냈으면 한다. 씻기고 씻겨 새로워져야 한다. 새로워지고 또 새로워져야 한다. 우리들의 세상도 감미로운 비처럼 필요한 사람들로만 채워졌으면 하는 바람이다.

봄비가 내리는 아침, 혼자 짊어진 것처럼 무거웠던 인생의 보따리를 잠시 내려놓아 본다.

(2005. 청풍문학 제9집)

무심결에 떠난 여행

전날 폭우가 쏟아지는 바람에 생각지도 않던 여행길에 올랐다. 어디를 간다는 것도, 무엇을 가져갈 준비도 없다. 그저 떠나는 것만으로도 좋았다. 여행은 뒤를 돌아다보게 하는 작업. 혼자만의 시간을 가질 수 있어 고독을 즐겨도 상쾌하다.

가 본 데가 낫다고 선뜻 매년 가던 화양동으로 차를 몰았다. 청주시내를 벗어나 고은 삼거리에 이르니 도로는 마치 새끼 타래를 풀어놓은 모양이다. 이런저런 망설임 끝에 청천 뜰로 방향을 틀었다. 너무나 순간적인 결정, 계획하지 않은 곳으로의 여행이다. 하지만 이곳도 여행객과 쓰레기가 뒤범벅이 되어 몸살을 앓는다. 다시 돌아나와 산길로 접어들어 형세를 살피니 화양동으로 연결될 듯싶다. 세 식구 쉴 만한 서너 평의 그늘과 물은? 가는 길은 한가한데 갈 만한 곳마다 사람이 차 있다. 아내와 딸아이의 눈빛이 변해간다. 숲이 있는 그늘이나 다리 밑에도 어김없이 물 반, 사람 반, '열심히 일한 당신 떠나라' 라는 광고

카피가 물결친다.

외진 길 지나고 거쳐 다리 위에 차를 세우고 짐을 부렸다. 눈앞엔 청천 교회 수양관이 있고 그 옆 야트막한 산에는 돌탑이 여러 개 보인다. 석공은 하나하나 돌을 얹으면서 우주를 얻었을까? 먼저 자리를 차지한 중년남자 둘은 다리 밑 평상에서 볼록한 뱃살로 우쭐함을 과시한다. 내가 머무를 곳은 아까시 나무가 듬성듬성 박혀 있고 바닥은 온통 자갈투성이. 경사가 심한 뒤편 언덕엔 방갈로가 있고 가시나무 중간 몸통에 비닐이며 잡풀이 걸려 있다. 탁류보다도 더 혼탁한 안개 속을 걷는 인생, 인생길도 이 길을 닮았겠지.

군데군데 자리를 잡은 무리. 정상의 고지에 오르기 위해 눈보라를 피하고 얼음 웅덩이의 역경을 견뎌낸 사람들 같다. 10시 30분경, 잠시 숨을 돌리고 나니 중년 남이 쭈뼛쭈뼛하며 여행 와 술 한잔하는 재미가 있어야 한다며 소주잔을 내민다. 끓여 놓은 생선매운탕을 내놓으며 팩에 담긴 소주를 따르는 그는 7남매 중의 맏이. 젊었을 때는 고생도 했고 식구들을 애먹이기도 했지만 지금은 서울에 번듯하게 집을 마련하고 사업도 조그맣게 벌여놓았다. 동행한 막냇동생 내외와 중학교 1학년인 여자조카와 같이 이곳을 찾은 것도 청천교회 수양관을 지은 친구의 권유를 뿌리치지 못해서이다. 거나하게 술 한잔 나눌 친구. 그의 친구도 한때는 막무가내였고 무뢰한이었다. 순한 사람 등쳐먹고 어수룩한 사람 눈물 빼게 하는. 부인도 충남에 연고를 둔 대정치가의 부인과 친구 사이여서 걸어오는 길에 막힘이 없었다. 충주지역에서 성년나이트클럽도 운영하며 부와 권세를 누렸다. 그러한 것도 좋았지만 그는 여생을 곱게 보내기 위해 기도하는 마음으로 귀향했다. 주변의 3만 5천여 평을 사들여 기독교 수양관을 짓고 강가 주변에 사람들이 와 쉴 수 있도록 장비를 들여 터를 고르고 평상平床도 마련했다. 올 장마에 쓸려나가지 않았다면 내게도 반 평의 자유는 더해졌을 것이다.

잔이 오가고 얘기마저 걸쭉하니 매운탕이 바닥을 드러낸다. 올해 나이 60이고 막내하고 17세 차이. 내 나이 그 사이. 나이도 상관없고 이름과 성을 몰라도 좋다. 인생이 뭐고, 사는 재미가 어떠하냐고 얘기하지 않는 이상 굳이 물어볼 필요 없다. 진정한 만남은 상호 간의 눈뜸이다. "사람이 하늘같이 맑아 보일 때가 있다. 그때 나는 하늘 냄새를 맡는다."의 시구詩句를 들추지 않더라도 그 사람 안에 들어가 있으면 그만이다. 미안하기도 하여 가부리살을 내놓았다. 푸줏간에서 물가에 가면 더 먹히니 여유 있게 준비해 가라 한 것인데 벌써 효용이 있다. 튜브를 타고 시야에도 들어오지 않는 곳에서 모정母情을 빚어내는 아내에게는 미안한 일이지만. 술이 얼근하면 물에 같이 들어가 텀벙거리며 유년을 털어냈다. 아내는 밥을 짓고 고추를 씻고 귀한 산도라지무침을 내놓았다.

그렇지만 떠날 때에는 굳이 명함 한 장 내밀지 않았다. 전화번호조차 묻지 않았다. 내년 여름 이곳에 오게 되면 그때 안부나 묻자 하고. 좋은 것 하나 내놓고 어려웠던 순간 풀어낸 것 들려주자 하며.

몸 맡길 곳 없을까 하여 두려움 뿌리치고 무작정 떠나온 오늘의 여행. 그러한 늘그막 친구 하나 얻으려 했나 보다. 탑을 쌓아올리느라 망치와 장도리에 멍이 든 미술과 교수의 멍이 든 손도 얼른 잡아보고 싶다.

(2006. 충북수필 제22집)

메밀꽃은 피었는가

평온한 날씨가 지속되다 갑작스레 추위가 몰려왔다. 나도 모르게 발걸음이 빨라진다. 날씨가 추워질 거라는 일기예보를 듣고 평시보다 두꺼운 옷을 껴입어 몸이 둔하다. 문학기행을 위해 사전에 약속한 장소에 도착해보니 교장선생님이 먼저 나와 계셨다. 나이가 들면 잠이 없어진다는데 아직 난 어린애인가. 교장선생님이 손수 운전을 하시니 젊은 내가 되레 죄송스럽다. 차는 학교 버스와 합류하기로 한 오창 인터체인지로 향했다. 라디오에서는 잔잔하게 클래식 음률이 울려 퍼진다. 안개 속을 흐르는 거리의 풍경은 고즈넉하다. 예정된 시간보다 너무 일찍 도착했다. 따뜻한 차 한 잔이 생각난다.

차 문을 열자마자 차가운 기운이 엄습해 왔다. 불어오는 바람도 예사롭지 않다. 금방 볼이 시려오고 어깨까지 움츠려든다. 어제 저녁 아파트 베란다 문틈으로 스며들던 바람이 여기까지 밀려나 그런가. 차가 오려면 아직 멀었거늘 마음은 벌써 봉평장에 가 있다. 도착하자마자

'충주댁' 이 남자들을 꼬드기며 탁탁하게 장사를 하였던 선술집에 먼저 들러보리다. 충주댁은 우리 일행이 들이닥치면 허생원 일행을 밀쳐내고 버선발로 뛰쳐나와 줄까. 동이가 아비의 따귀를 맞고도 성깔내지 않고 나귀 고삐가 풀렸다며 다시 돌아와 태연하게 말하는 것을 보면, 그 어미 또한 보름달을 닮았겠지. 성씨 처녀가 허생원과 하룻밤의 풋사랑을 나누었던 물레방아간도 보고 싶다. 정조가 목숨보다 더 소중했었던 시절, 성씨처녀는 자신의 죄를 용서하지 못해 정들었던 봉평을 떠나고 말았다. 마음에도 없는 낭군의 사랑을 그리며 평생을 살았다. 지금이라면 성 개방 풍조가 만연되어 하룻밤의 꿈이라고 여기기도 하거늘 오늘을 사는 처자處子들은 그녀의 마음을 알기나 할까?

여기 오창 인터체인지 도로 가에도 누군가를 기다리는 차량의 행렬이 하나 둘씩 늘어난다. 지금 이 사람들도 오지 않는 임을 무작정 기다리는 것은 아닌가. 기다리는 것은 좋은 일이지만 오래 기다리게 하여 눈물 빼게 할 일은 아니다.

문학 기행을 떠나는 버스가 인터체인지로 접어든다. 버스에 오르니 두 분의 선생님과 학생들이 웃음으로 반긴다. 올망졸망 눈망울은 벌써 메밀꽃이 산허리를 휘감는 봉평장에 가 있다. 허생원의 일행들을 만나려 열망하는 그 눈빛들은 차 문틈으로 스미는 찬바람을 막아내고도 남았다. 차창 밖으로 스쳐가는 가을이 여느 때보다도 적적해도 마음은 따뜻하다. 계절이 앙상한 나뭇가지와 헐벗은 벌판을 남겨두고 멀어져가도 '메밀꽃' 에 대한 동경憧憬과 가슴속에 고여 있는 시심詩心을 풀어보고픈 기대가 있어 서글프지 않다. 오늘 이렇게 문학기행을 갈 수 있는 것, 내게는 행운이리라.

내가 재직하고 있는 학교는 학생 수가 130여 명 정도의 소규모 학교지만 계절에 맞춰 갖가지 꽃을 피워낸다. 소나무, 잣나무, 은사시나무며 풍요로움을 뽐내는 감나무까지 골고루 심겨져 있어 운치가 더할 나위 없다. 은빛 물결이 찰랑대는 대청호수도 학교 울타리에 기대어 있다. 학교에서 멀지 않는 곳에는 한국 현대사의 맥을 짚어볼 수 있는 청남대가 자리하고 있는데 그 동안 베일에 싸였던 옷 꺼풀을 베껴내느라고 정신이 없다. 트로피에 입맞춤하면서도 '나는 아직도 배가 고프다.' 며 양손을 벌리던 운동선수를 떠올리고, 오랫동안 서랍에 처박아 두었던 누런 원고지를 들쳐 내 여백을 채우려 함은 욕심이던가?

중부고속도로로 접어들어 2시간을 달려서야 봉평에 닿을 수 있었다. 청주 날씨는 맑았는데 봉평의 하늘은 낯선 우리를 반기지 않으려는 듯 심술을 부린다. 곱게 내리던 비는 언제 그랬냐는 듯 싸락눈으로 변하여 흩어지고 안개가 걷히지 않는 희뿌연 하늘은 당나귀를 타고 길 떠나가는 허생원의 일행을 밝히던 달빛을 닮았다.

차에서 내리니 봉평 뜰 주변 산허리를 휘감고 피던 메밀꽃 냄새가 밀려들어와 코끝을 간질인다. 먼저 눈에 들어온 건 마구간에서 길러지는 당나귀였다. 소설 속 또 하나의 주인공. 성씨 처녀와 연분을 맺게 해줬고 주인을 위해 자기희생을 다한 당나귀. 허생원은 장돌뱅이로 벌었던 돈을 모두 날렸어도 당나귀만큼은 자기의 분신처럼 마지막까지 쥐고 있었다. 등에 털이 빠져 볼품이 없어도 같이 험난한 세상을 걸었다. 학생은 학생들대로, 선생 또한 그들대로 처음 본 당나귀에 감탄사를 남발하며 등 굽은 세월을 더듬는다. 그 옆에서는 디딜방아와 물레방아간이 꼬드기고 있다. 교교히 흐르는 달빛이 있었던 밤이었기에 얼금뱅이 얼굴을 드러낼 수 있었던, '무섭고도 기막힌 밤' 의 공간적 배경이 되었던 물레방앗간. 내부를 들여다보니 나락을 털던 풍구만 놓여 있다. 싸늘한 겨울바람만 분다. 속이 비어 있지만 디딜방아를 밟아보며 그 은밀함을 얘기한다. 긴밀했던 순간의 그 떨림을 더듬어본다.

"돌밭에 벗어도 좋을 것을 달이 너무도 밝은 까닭에, 옷을 벗으러 물레방앗간으로 들어가지 않았나. 이상한 일도 많지. 거기서 난데없는 성 서방네 처녀와 마주쳤단 말이네. 처녀는 울고 있단 말야. 그러나 처녀란 울 때같이 정을 끄는 때가 있을까. 처음에는 놀라기도 한 눈치였으나, 걱정 있을 때는 누그러지기도 쉬운 듯해서 이럭저럭 이야기가 되었네. 생각하면 무섭고도 기막힌 밤이었어."

물레방앗간을 오른쪽으로 돌아 800m를 더 가니 이효석의 생가生家가 보인다. 자연과 인간의 본능을 시적으로 승화시킨 그의 열정과 노력이 이곳에 있다. 숙연함으로 그의 숨결을 맡아 본다.

1907년에 강원도 평창 봉평면에서 태어나 36년의 짧은 생을 마감한 이효석. 1928년 『조선지광』에 단편 '도시와 유령'을 발표한 후에 1934년 평양 숭실전문崇實專門 교수가 된 후 '산'과 '들'에 이어 서구 문물을 받아들이며 성性본능과 개방을 추구하는 장편 '화분'도 남겼다. 그 후 1936년에는 한국 단편소설의 백미白眉 중에 백미白眉라 일컬을 수 있는 〈메밀꽃 필 무렵〉을 내놓았다.

철 지난 봉평의 메밀꽃밭을 언제 와 볼 것인가. 시간이 여의치 않아 물레방아간과 생가 중간쯤에 있는 '이효석 문학관'은 그냥 스쳐 지나갔다. 그의 생애와 책, 작품이 발표된 잡지와 신문, 다양한 영상물 등이 있다. 메밀 음식 가공 과정과 메밀로 만든 음식들을 소개하는 메밀 자료실도 볼 수 있었는데 아쉬움이 크다. 메밀꽃이 피어나는 구월 경에 다시 찾아와 그 감회를 다시 맛보리라.

소금을 뿌려놓은 듯한 메밀꽃 냄새를 맡으며 제천 장으로 발길을 틀어가는 허 생원의 뒷모습이 자꾸만 떠오르는 건 왜일까?

"산허리는 온통 메밀밭이어서 피기 시작한 꽃이 소금을 뿌린 듯이 흐뭇한 달빛에 숨이 막힐 지경이다."라는 구절이 자꾸만 입에 돈다. 이렇게 차가운 날에는 메밀전에 걸쭉하게 탁배기 한잔 걸치고 나서 개울에 빠져 허비적거리는 허 생원을 들쳐 업고 나왔던 동이의 등에 나도 한번 업혀 보았으면.

(2004. 문의중학교 교지, 『글뫼』)

가을이 멀어져 가는 풍경

답답하리만큼 멍해진 가슴으로 하늘을 올려다본다. 가을이 가는 길목에서, 비어만 가는 벌판에서 북받쳐 오르는 서러움에 울먹인다. 놓친 것도 없는데 전부를 잃은 것 같은 허전함이 몰려온다.

누가 가을을 모자람 없이 풍요롭다고만 했는가. 붉게 물들어 가는 곱디고운 여백과 달콤한 속삭임 뒤에는 이별이 기다리고 있는데. 가을은 자신이 머물러야 할 때와 떠나야 할 때를 알고 있기 때문에 아름답다고 노래하지만, 떠나고 난 자리에 남는 아픔의 상처가 너무나 크거늘.

비둘기

비바람 몰아치던 여름날, 아파트 베란다 둥지에서 알을 품던 한 쌍의 비둘기가 생각나는 늦가을이다.

그때, 알을 부화하는 비둘기의 몸짓이 너무나 안쓰러워 비닐봉지로 비 가림을 해주려 했는데 그것조차도 위협이 되는지, 알을 부화하다 말고 둥지를 벗어났다. 그리고는 돌아오지 않았다.

기억이 없는 까마귀와 정이 없는 비둘기, 내게도 공통분모가 있다. 화려한 미사여구美辭麗句로도 채우지 못할 아름다움이 떠나가는 계절, 가을. 꽃잎이 지고 나면 화려함 때문에 떠난 자리가 더 커 보인다.

코스모스

플라타너스의 잎은 차디찬 기온을 이기지 못하여 갈색으로 떨어지고 감나무는 풍성함을 뒤로하고 까치밥만 남겨 놓았다. 옛 교사校舍를 헐어낸 자리에 심겨진 모과나무마저 결실이 시원찮다. 봄부터 거름도 주고 소독을 하며 정성을 들였건만 병들어 쭈글쭈글한 것투성이다.

정원에서 화려함을 자랑하던 메리골드는 이파리가 시들어 초췌해지고 칸나도 서리에 시달려 꽃을 늘어트렸다.

수확이 끝난 논에서는 농부들이 가축에게 먹일 볏짚을 다듬어 일으켜 세운다. 벼이삭이 팰 때 날씨가 좋았지만 쌀 시장 압력으로 추곡수매량이 줄어 풍요로움을 지켜낸 허수아비에게 돌아갈 몫마저 줄어들었다.

신작로에는 중년 여성 셋이 코스모스 꽃잎을 따내느라 분주하다. 여럿이 보게 놔둬도 좋으련만. 얼마 전 청남대 가는 길에 수북이 쌓인 은행잎을 보려 외지 대처에서 몰려든 중년 부인들은 해맑은 웃음을 보이며 은행잎을 흩뿌리고 드러눕고 깔깔대며 동심을 보여주었는데 숨바

꼭질하던 어린 시절의 추억을 거두어 간다.

갈대

갈대와 억새가 어우러진 대청호반에서는 가을이 떠나감을 아쉬워하는 축제가 열리고 있다. 사람들은 나이를 숨겨가며 갈길 바쁜 추억을 담는다. 연인들은 은빛 물결 따라 춤추고 어린애들은 걸려진 화가의 본뜬 그림판에 몰려들어 붓질을 한다. 사진작가들마저 아마추어 모델의 드러난 허연 가슴에 사진기의 초점을 맞추고 비틀거린다. 억새에 스친 아픔을 참아내는 여인네처럼 같이 흔들린다.

황금물결이 출렁이고 있을 때는 그렇게 보기 좋더니만 가을이 가는 길목에서는 그저 쓸쓸하게만 느껴지는 풍경들이다.

배낭

아침 출근길 무심천 변에서 아픔을 가득 짊어지고 걷던 중년 남자를 보았다. 지팡이에 몸을 의지하며 걷는데 짊어진 배낭조차 무거워 보인다. 진한 슬픔이 묻어 있다. 감나무 우듬지에 걸려 있는 까치밥의 한계가 느껴진다. 당당함을 내세우던 누드모델과는 달리 세상에 대한 욕심도 없어 보인다. 출세를 위해 앞만 보고 달려왔지만 남겨진 건 여러 가지가 혼합된 무거운 돌덩이. 그의 등에 걸려 있는 절룩거리는 아픔을 누구라도 와서 덜어 주지.

겨울이 남기고 간 건

사방 보이는 것은 온통 백설이다. 길인지 도랑인지 구분이 안 될 정도로 온통 눈으로 뒤덮여 있다. 소나무 가지는 눈의 무게를 견디기 어려운 듯 뚜두둑 소리를 내고 구릉엔 바람이 몰아온 눈이 켜켜이 쌓여 그 높이가 전나무의 가지까지 뛰어넘으려는 기세다. 온 산하는 눈으로 채색되어 가는 곳마다 은세계. 떡시루에 얹힌 쌀가루처럼 탐스러워 가슴에 고이 묻어두고 싶은 마음이 절로 든다. 돌아갈 때에는 은빛 물결이 출렁거려 버스에 제대로 오를 수 있을지 걱정이 앞선다. 차라리 햇살에 눈이 멀어 이곳에 남아 있을 수만 있다면.

자동차가 지나가면서 그어 놓은 평행선. 가까이 있으면서도 손을 맞잡을 수 없는 운명이기에 멀게만 느껴진다. 간간이 남긴 발자국엔 쓸쓸함이 묻은 바람이 스며들고 멀리선 둥지에 안주하지 못하고 먹이를 찾아나서는 산새들의 울림이 들려온다. 고요 속에 잠겨 있어야 할 산은 본래의 모습을 잃은 지 이미 오래, 벌써 타인들의 무대다. 아무 손길이 닿지 않은 자연을, 바람만이 탐을 내 지나간 백색의 세계에 어떤 사람들이 다녀간 걸까? 눈이 내려 발자국이 지워지면 그 흔적을 대신하고 그 위에 또 다른 추억을 올려놓은 사람들은? 내가 남기고 갈 겨울 이야기와 신비로운 설원의 꿈을 뒤에 오는 사람들은 어떤 의미로 받아들일까.

평평한 길을 벗어나 일부러 눈 쌓인 곳을 찾아 발걸음을 옮겨갔다. 겨울눈의 속삭임에 귀 기울이며. 얼마 걷지 않았는데 등허리엔 땀이 배어 나오고 이마에도 송골송골 땀방울이 맺힌다. 열기가 온몸으로 번져 몸뚱이를 감쌌던 잠바며 목도리를 금방 풀어헤쳐야만 했다. 신발 끈을 질끈 동여매고 무릎까지 올라오는 양말을 신었지만 어느새 눈이 스며들어 흥건하게 발을 적셔왔다. 그런데도 감촉이 싫지 않다. 차디참을 피하기는커녕 그 느낌을 받아들였다. 수줍은 처녀의 가슴으로 부대끼며. 그때 설원을 스치고 지나가던 바람이 말을 걸어온다. 미지의 세계엔 깊이 빠져들지 말라며. 그렇다고 너무 두려워할 것은 없고.

산이 깊어질수록 눈이 발목까지 차오른다. 경사까지 심하니 발걸음을 내디뎌도 얼마 가지 못한다. 게걸음을 하며 나뭇가지를 붙들고 얼음으로 변한 바위 조각까지 붙잡아야 했다. 숨이 차올랐다. 그렇지만 사람들은 앞서거니뒤서거니 하며 한 바구니의 웃음꽃을 골짜기로 퍼나른다. 마음은 다들 어린애가 되어간다. 정상으로 향하는 길이 멀어도 멀게 느껴지지 않는 기쁨이 있다. 험하고 고통스러워 인내가 필요했지만 겨울 산이어서 좋다. 좋아서 오르고 있다. 눈앞에 펼쳐진 눈꽃의 향연과 정상에서 맛보는 달콤한 즐거움이 있지 않은가.

저만치 먼저 오른 사람 하나가 눈 덮인 산자락에 눕는다. 자신의 분신을 각인하려는지 땅바닥에 엎드린다. 그러더니 눈에 뒹군다. 바람 불고 햇살 오면 눈과 함께 녹아 없어지는 걸 알면서도 오랫동안 일어나지 않는다. 순백의 마음을 읽고 싶은가 보다.

나도 가만히 다가가 누워보았다. 차갑기보다는 포근함이 먼저 와 닿았다. 흰 이를 드러내며 웃음을 보내봤다. 그에게서도 금방 화답이 왔다. 누가 먼저랄 것도 없이 눈을 한 움큼 뭉쳐 하늘로 흩뿌렸다. 소년들의 얼굴은 금세 백옥 가루로 뒤덮여갔다. 솜털구름보다 더 부드러운 감촉이 느껴진다. 눈꽃의 신비로움과 은빛 물결. 그 어떤 크레파스로 채색하더라도 이렇게 아름답고 부드러운 빛을 낼 수 있을까! 두 팔 벌린 시야로 펼쳐진 눈 덮인 산하. 질화로의 추억이 스멀거린다. 겨울눈이 내리는 거리를 한없이 걸었던 가슴 뛰던 시절이며, 초등학교 시절 동창생의 관심을 끌려고 일부러 눈덩이를 던져 기어코 울게 하여놓고 얼굴이 발개지던 순진무구한 개구쟁이의 추억까지. 스멀거리는 사랑, 아른거리는 상념이 눈꽃으로 스며든다.

이러한 풍경이 있어서, 즐거움과 추억이 묻어나기에 그렇게 겨울 산을 오르려 했나 보다. 무한히 펼쳐진 백색의 세계를 가슴으로 안으려고 그렇게 겨울 산을 그리워했나 보다. 동심으로 돌아가기 위해 뜬 눈으로 밤을 지새우며 하루 종일 겨울 산을 노래했나 보다. 겨울이 가는 것을 아쉬워하고 겨울의 떠남에 애달파하며. 무척이나 겨울 산을 좋아했던 청년은 겨울을 보내고 난 뒤에 한껏 성숙해 있었다.

햇살 가득 받은 백설白雪. 일곱 색깔 무지개처럼 찬란한 빛을 뿜어낸다. 그 뒷모습은 어딘지 모르게 슬픔으로 드리워져 있다. 겨울 축제의 뒤안길로 밀려난다는 초조함과 아쉬움으로. 눈을 한 움큼 뭉쳐 저만치 계곡 아래로 던져보았다. 포물선을 그리며 떨어지던 눈덩이는 소나무 가지에 부딪히더니 눈꽃으로 변해 흩어진다. 손바닥에선 겨울이 떠나면서 흘리고 간 눈물의 흔적이 묻어났다.

(2004. 청풍문학 제8집)

눈 내리는 밤거리를 걸으며

딸애가 헬스클럽을 다녀오더니 밖에 눈이 내린다 한다. 그 시간이 저녁 10시 30분경. 나는 하루끼 소설 《상실의 시대》 원작 《노르웨이 숲》에 푹 빠져 있다가 커튼을 열어젖혔다. 알록달록한 불빛에 반사되어 내리는 눈송이가 제법 크다. 가로등 불빛과 건물 안의 샹들리에까지 분위기를 고조시킨다. 겨울이지만 눈이 내리질 않아 황량한 벌판을 걷는 것 같아 가슴속이 허했었는데 단숨에 메울 것 같다. 아내는 어린애가 되어 밖을 나가자며 겉옷을 챙기고 목도리까지 들고 나온다.

밤 11시에 주섬주섬 옷을 챙겨 입고 밖으로 나왔다. 그 늦은 시간, 거리는 생각한 것과는 달리 한산하지 않다. 눈꽃의 설렘을 향유하는 사람들로 하늘이 가까워 보인다. 그러자 아내는 쑥스러운 듯 스쳐가는 사람들의 눈빛을 피해 걸으려 한다. 나이가 들어가도 눈꽃의 아름다움은 같을 텐데 왜 그리 수줍어하는지. 결혼한 지 19년이 다 되어가는데 부끄러울 게 뭐 있다고.

와타나베가 나오코의 처지를 안타까워하며 마음을 못 잡을 때 보풀거리는 눈송일 보았더라면 마음을 다잡을 수 있었을까? 한때의 방황은 원숙한 사랑을 찾아가는 과정이라 하거늘.

날씨도 포근하고 구름이 잔뜩 끼어 하루 종일 기분이 우울했었는데 이렇게 보풀거리는 눈짓으로 포근함을 안겨주려 했었나 보다. 매년 눈이 그리워 진물 난 적 없었는데 올해따라 왜 그리 애태우게 하는지. 내가 군 생활을 했던 울산도 46년 만에 폭설이 내렸거늘, 뭐 그리 어려운 일이라고. 지나 3월 폭설 땐 가지가 떨어져 나가고 밑동까지 부러져 조선 소나무의 기품과 위세를 꺾어 놓기도 하더니만 그 심술은 어디에 숨겨 놓고. 단양에서 지난겨울을 날 때, 부산에서 태어나 눈을 볼 수 없었던 여선생은 가벼운 눈이었는데도 발걸음을 떼어놓지 못해 안절부절못하였었는데. 그러하던 겨울의 풍경들이 그리워지거늘. 살며시 아내의 손을 잡아본다.

눈발이 더 굵어진다. 그 동안의 부족함을 메우려는 듯 너울너울 춤춘다. 손바닥에 떨어진 눈송이는 가볍게 몸짓을 하더니 마음을 전하기도 전에 눈물로 변해 흩어진다. 이 시간 그대로 멈춰버렸으면. 아니, 이 시간처럼 인생이 아름다웠으면.

공기가 내 호흡을 가다듬고 물이 흘러들어 가슴을 적셔 와도 고마움을 모르고 살았는데, 자주 오는 눈이 아니기에 더 고마운 밤이다. 타향에서 가족을 그리워하던 지난겨울의 기억이 있었기에 나풀거리는 눈꽃 축제가 더 빛나는 밤이다.

(2005. 2. 1. 중부매일 세정유감)

나 홀로 눈길에

저녁을 먹는 중에 눈이 내리기 시작한다. 흩날리던 눈송이가 굵어지더니 땅을 덮고 금세 하늘까지 덮을 기세다. 할 일이 남아 사무실로 돌아가야 하는데 가는 것도 걱정이고 되돌아올 일도 난감하다. 꽃이 아름다워도 향기가 없으면 무정해지는 것처럼 포근한 떨림이 없으면 겨울 맛이 나지 않는다고 투덜거렸던 마음 가신 지 오래다.

늦은 시간까지 공사를 하는 사람들을 내팽개치고 나올 수는 없다. 눈꽃의 여유와 낭만을 찾지 못하는 그들 또한 외면할 수도 없는 노릇이다. 뒷정리를 하고 나니 시곗바늘은 밤 11시를 가리킨다. 칠흑 같던 사위가 눈빛을 머금곤 시야로 밀려들어 온다.

운전 경력이 상당하고 짓궂은 겨울을 겪었어도 주저함으로 손이 떨려온다. 눈이 그쳤지만 쌓인 눈은 만만치 않다. 초조함으로 문 열기조차 두려웠다. 눈 오는 밤의 정취가 언제나 새롭듯이 눈길 운전은 왜 이리 어설프기만 할까.

마음을 다잡고 단속을 하고 차에 올랐다. 내리쏟는 신호등 불빛에 반사된 도로는 기름을 발라 놓은 것처럼 윤기가 난다. 찬란한 아름다움이 초조감으로 잿빛이 된다. 속도계는 20~30㎞/h이지만 등에선 진땀이 흐르고 어깨까지 굳어 온다. 마주치는 차량은 성난 황소처럼 내 앞으로 튕겨 올 것만 같다.

긴장감을 풀어보려 라디오 스위치를 올렸다. 감미로운 음악이 흐르고 겨울을 노래하는 시 구절을 읊어낸다. 하지만 귀에 들어올 리 없다. 젖어들며 흥얼거릴 수 없다. 라디오 전파는 눈보라에 부딪혀 서걱서걱하고 차 안을 감돌던 음률은 비산 먼지처럼 혼탁해진다.

낯선 도시를 가거나 새로운 풍경에 젖으면 마음이 오그라들듯 항상 다니던 길도 눈이 쌓이면 타향이다. 비료포대를 깔고 얼음을 지치던 뒷동산과 연줄에 풀을 먹여 꿈을 날리던 언덕을 떠올리며 감회에 젖을 수 없다. 젖은 옷을 모닥불에 말려가며 팽이를 돌리던 논바닥의 풍경을 생각하는 건 어림도 없는 일이다. 그러한 사유는 한마디로 사치다.

사람 마음이 왜 이렇게 간사해지는 건가. 눈 내리는 밤하늘을 바라보며 두 팔을 벌리다가도 오도 가도 못하는 신세가 되면 하늘을 원망한다. 어린애의 마음으로 꿈길을 걸을 때는 언제고. 겨울의 무게를 이겨내지 못하는 몸뚱이는 저울추처럼 흔들거리고 만다.

눈이 내리는 날은 하얗게 혼절하는 떨림 때문에 창 밖만 바라보아도 까맣게 목이 타들어간다고, 눈 내리는 밤 외딴집을 지나칠 때 비쳐오는 주홍색 불빛이 아름답다고, 그 누가 노래하는가.

(2005. 3. 1. 중부매일 세정유감)

4_ 날달걀 맛을 아세요

지금 내 고향은

할아버지의 경제원리

외기러기

남국의 햇볕을 주소서

가족에게서 멀어지는 연습

혼자 사는 사람의 아침

날달걀 맛을 아세요?

아내라는 이름표

아버지의 눈물

똥개

지금 내 고향은

새해 첫날 아침, 잊혀진 전설처럼 보기 힘들었던 까치의 울음소리를 오랜만에 들었다. '깍~깍' '깍~깍' 소리를 내며 감나무에 걸터앉은 까치. 한참을 울어대던 모습을 뒤로하고 어느새 날아 뒷동산으로 방향을 틀어 참나무 가지에 날름 앉는다.

어릴 때 자주 찾던 뒷동산에는 유난히 참나무가 많아 도토리를 따거나 주웠고, 소 풀 뜯기러 산을 넘어갈 때에도 반드시 뒷동산을 거쳐야만 좋은 풀밭을 만날 수 있었다. 더위가 극성을 부리면 뒷동산 높은 자락에 자리한 상수도 탱크 옆에 돗자리 펴고 누우면서 땀을 식혔다. 그런데 산 주인인 이 씨네 할아버지가 너무나 무서웠다. 평상시에도 그 분이 나타나면 눈에 뜨이지 않도록 몸을 피했다. 어쩌다 마주치는 날에는 방긋 웃는 얼굴로 '진지 잡수셨어요.' 라고 큰 소리로 문안 인사를 드리며 갖은 재롱을 떨어야 했다. 다들 잘 보이려고 무척이나 애를 썼다.

산 주인인 이 씨네 할아버지 집은 우리 집과 큰 밭 하나를 사이에 두고 있어 할아버지 집에서는 꼬마들의 놀이터인 뒷동산을 정면으로 내려다 볼 수 있다. 평상시에는 산에 들어갈 엄두조차 내지 못한다. 그러다 할아버지가 장에 가시거나 동네를 비웠다는 소식을 알고 나면 환호성을 질렀다. 서로 서로 연락을 취해 도토리를 주워담는 자루며 굵은 나무토막에 가운데 구멍을 뚫어 긴 자루를 끼워 도끼로 쓰던 곰방메를 어깨에 메고 뒷동산으로 쏜살같이 내달았다. 그러다 이 씨네 할아버지가 동네에 나타나기라도 하면 우리들은 그 길로 허겁지겁 줄행랑을 하여 어디엔가 숨어 있다가 날이 어둑해져서야 집으로 돌아오곤 했다.

설이 되면 동네에서는 윷놀이를 하고 꽹과리며 장구를 내어 풍악을 즐겼다. 정월 대보름에는 매봉재(동네 앞산)에 올라 '달맞이'를 하고 소원을 빌었다. 철사를 매단 작은 깡통에 땔감을 넣어 불을 사른 후 머리 위로 빙빙 돌리는 망우리 놀이를 하였다. 어머니는 볏짚으로 귀신을 만들어 마당 한가운데 세우곤 불로 태우며 액厄을 멀리하셨다. 수수팥떡을 만들어 부뚜막과 장독대와 화장실 등 귀신이 붙을 만한 곳에 올려놓고 귀신을 쫓으며 가족들의 안녕을 빌었다. 산신山神에게도 정성껏 제를 올렸다. 내가 중학교를 다니던, 70년도 중반까지만 해도 동네 사람들이 마을 광장에 다 같이 모여 '노래 자랑'을 하기도 하였다. 그런데 요즘은 좀처럼 그러한 모습들을 볼 수가 없다. 물론, 농촌 지역이 경제난으로 생활을 꾸려가기 어렵고 먹고살기도 힘들어 농사철에도 젊은이들을 볼 수 없다고 하지만 옛 사람들의 놀이 문화와 전통까지 사라져가고 있는 현실이 너무나 안타깝다. 부모들 자신은 고생을 하더라도 자식들만큼은 출세시키려고 도시로, 도시로 자식들을 내 몰았기에 동네는 쓸쓸하기만 하다.

이번 설에도 도시에서 생활하던 친구나 동생들의 얼굴을 보고 그들이 생활하는 현장의 목소리도 듣고 싶어 동네 사랑방을 찾았다. 밭둑에서 추운 손을 호호 불며 연을 날리던 까까머리 모습이 그립다. 복숭아 빛 얼굴을 한 소녀에게 좋아한다는 말 대신 눈덩이를 던져 눈물을 쏟게 하였던 옛날 사랑 얘기도 이번에 만나면 할 수 있을 것 같아 마음속에 정리하고 집을 나섰다. '그때 내가 너를 좋아했던 것 아니? 너는 도통 나에게 관심이 없어 호기심을 끌려고 눈을 던졌던 거야.' 라고 이젠 고백할 수 있을 것 같은데. 그 어릴 적 소녀도 나와 있을까?

추운 겨울이 오면 우리들은 성한 데가 없었다. 구멍 난 바지를 입은 채 썰매를 타거나 '자치기' 를 하고 토끼몰이 하러 산으로 몰려다녔기에 손등이 얼어 터져 피가 맺히기도 하고 볼에는 얼음이 박혀 언제나 까칠까칠하였다. 저녁을 먹고 나면 문풍지가 떨어져 바람이 숭숭 스며드는 방에서도 추운 줄 모르고 밤늦도록 오순도순 얘기 나누며, 어쩌다 심심하면 성냥갑이나 담배까치를 걸고 내기 화투도 하였다. 아무것도 모르는 중학교 시절에 우리들은 어른들이 하던 놀이를 알아 버리고 말았다.

다들 모이진 않았지만 고향의 냄새가 그리운지 마을 회관은 젊은 층에서 중년인 우리들로 가득하였다. 아궁이에서 갓 구워 낸 고구마를 한 입 베어 물고 좋아서 이리 뛰고 저리 뛰며 놀았던 때가 엊그제 같은데 벌써 세월이 많이 흘렀는지 코흘리개 시절의 모습은 보이지 않았다. 머리카락이 빠져 정수리 중앙이 시원스럽게 보이고 군데군데 흰머리며 얼굴 주름도 눈에 들어온다. 도심의 공간 속에서 쪼들리는 삶으로 인해 웃음을 잃어버린 얼굴에서 나는 어린 시절의 추억 대신 슬픔을 얻어야 했다. 무거운 침묵이 흐르는 담배 연기 가득한 방안에서 나는 그들의 얘기를 들을 수 없다는 결론에 다다르고 만다. 지금까지 그들이 살면서 받아 낸 고통의 조각들이 어느새 내 맘 깊숙한 곳을 찌르고 있었다. 그들의 찌든 얼굴에 드리워진 그림자는 우리나라의 경제가 아직도 원활하지 않음을 말해주는 것 같아 마음 한쪽이 시려왔다.

농촌에서는 학생수가 줄어 문 닫는 학교가 늘어나고 어린애의 울음소리 들어본 지 오래되었다. 오죽하면 충북 청원군에서는 인구 확산 정책을 위해 그 지역에서 아이를 낳아 출생신고를 하면 출산 및 산후조리 용품까지 나눠준다. 내가 어린 시절을 보냈던 고향도 예외는 아니어서 친구나 젊은이들 대신 등 굽은 50대 후반 및 60대 아버지 세대들이 마을을 지키며 농촌을 이끌어가고 있다. 올해 농사가 벌써 걱정이 된다. 내 자신도 명절이나 제사가 있어 고향을 찾으면 '손님 대접'을 받고 오는 현실이 되다보니 시골을 갈 때마다 마음 한구석이 씁쓸하기만 하다. 허전함을 달랠 그 무엇 하나 찾을 수가 없다.

마을회관에서 나오는 길에 동네 어른들이 모이시는 사랑방을 보니 불이 꺼져 있다. 초저녁 이른 시간인데도 어른들의 모습이 보이지 않는다. 걸쭉한 막걸리 한 대접이면 세상을 노래하고 시를 읊던 쉼터엔 어둠과 달빛이 교차하면서 밤을 이겨내고 있을 뿐이다. 그저 적막하기만 하다.

동네 어른들의 구수한 웃음소리 들어본 지 오래되었는데 그 소리가 그립다.

(2003.『문학 21』 5월호)

할아버지의 경제원리

우리 동네는 평야지대고 농사 거리가 어느 정도 있어 산골짜기 다른 촌락보다 어렵게 살지는 않았다. 그렇다고 부유한 삶을 살았다는 얘기는 아니다. '제 복은 제가 갖고 태어난다.' 하여 자식을 여럿 낳고도 걱정하지 않았던, 문명이 열리지 않았던 그 시절 가난의 척도尺度는 지금과 달랐다. 살림이 넉넉하여 옷을 번지르르하게 입고 외제 차를 굴리며 세계 일주를 하고, 그러고도 남으면 닥치는 대로 땅이나 건물을 사들이는 게 요즘의 부자라면, 먹고사는 데 지장이 없을 만큼 두둑하게 볏가리 쌓아놓고 토광에 고구마나 감자 재워놓고 겨울을 날 수 있으면 부자였다.

우리 집은 소가 많은 집이었다. 집안에 외양간만 있어도 든든하던 그 시절에 손으로 셀 수 없을 정도의 소들로 넘쳐났다. 할아버지는 소를 먹이다 힘이 들면 동네 사람들은 물론 이웃 동네까지 '어우리 소'를 주셨다. 일명 '도지 소'를 준다 하는데, 이는 주인집에서 어린 송아지를 가져가 정성으로 보살피고 공을 들여 송아지를 낳으면, 기른 사람은 송아지를 갖고 주인집에는 어미가 된 소를 돌려주는 제도다. 그러기에 우리 집은 땅보다 소가 더 많은 독특한 집으로 알려졌다.

요즘같이 참외나 수박, 복숭아나 사과 농사가 흔하지 않았고 마땅한 벌이가 없었던 그 시절엔 어우리 소가 부업으로는 최고였다. 그러니 송아지 낳을 때가 되거나 낳았다는 얘기가 들리면 우리 집엔 사람들로 문전성시門前成市를 이뤘다. 운이 좋아 어우리 소를 차지한 사람 얼굴엔 웃음꽃이 피고 그렇지 않은 사람들은 아쉬운 발걸음을 떼어놓아야 했다. 이래저래 어우리 소를 내놓는 날은 언제나 사람들이 들끓었는데 어린 내 손에도 눈깔사탕이 쥐어졌다. 커서 생각해 보니 그들이 왜 그랬나, 짐작이 되고도 남았다.

할아버지가 그렇게 많은 소를 기를 수 있었던 것은 남들보다 몇 배 부지런한 근성이 있으셨기에 가능했다. 음성장은 집에서 50여 리가 되는 먼 길이고 도로 사정이 좋지 않았지만 할아버지는 동이 트기 전 캄캄한 새벽부터 움직여 두 번씩 장을 보신 적도 많으셨다고 어머니는 회고하셨다.

그런데 할아버지는 그렇게 재산을 불려가면서도 땅에는 집착을 보이지 않으셨다. 소 몇 마리 내다팔면 눈에 보이는 땅을 손에 넣을 수 있었지만 내 손으로 농사지을 수 없다면 무슨 소용이 있느냐며 힘에 부치는 땅은 사들이지 않으셨다. 욕망이라는 이름의 전차를 타지 않고 부칠 수 있는 땅에서 소박하게 인생을 사셨던 것이다. 물 한 모금 먹지 않고 해가 질 때까지 달려 땅을 차지하려는 농부 '파홈'이 아니었다.

그에 비해 지금 사람들은 욕심이 하늘 같아 부치기 힘들어도 눈에 보이는 땅은 다 사들인다. 아흔 아홉 섬 가진 사람이 한 마지기 논을 빼앗으려고 밤잠을 설치고 머리 굴려 꼼수를 둔다. 놓여진 위치에서 먹을 만큼만 소유하고 나머지 것은 국가나 사회, 그게 거창하다면 자기가 살고 있는 주변의 어려운 사람들에게 조금씩이라도 나누고 살면 좋으련만 배가 부른데도 욕심만 키운다. 미물微物들의 아둔한 생각과 가녀린 손놀림은 결국 사회를 병들게 하고 살맛나지 않는 세상을 만들어간다.

인간의 마음속에 자리한 끝없는 욕심. 온갖 잡음과 소음으로 인해 차가운 냉기만 느껴진다. 아침에 일어나면 TV채널을 열거나 신문 보기가 두렵고 죄가 없어도 사람들은 죄진 것마냥 똑바로 걷지 못한다. 험난한 파도에 놓여진 돛단배 같은 현실에서 내 배 부르면 남 배곯아 죽거나 말거나 상관 않는다. 냉소주의冷笑主義와 몰沒인간적인 이기주의가 판치고 물질 만능주의와 배금사상拜金思想에 젖어 사는 현대인들의 엉뚱한 욕심은 사회적으로 큰 부작용과 걱정거리를 불러왔다. 경제 정책 부재와 상商도덕의 타락으로 기업은 연실 도탄에 빠지고 개인들은 신용카드를 남발하여 파산 신고를 하고 있다. 힘에 버거워 버티질 못하면 둘도 없는 목숨을 헌신짝처럼 버리고들 있다. 세상의 종말이 다가오는 것일까? 우리가 모르는 사이에 조금씩, 조금씩.

그릇된 욕망으로 가득한 세상에서 미련을 버리고 불빛 없는 산골로 되돌아간 산골소녀 영자의 얼굴이 자꾸만 떠오른다. 배가 고파도 찬밥 한 덩어리와 고추 한 알에 웃음 지었던 옛날이 그리워진다. 많은 것을 소유할 수 있었어도 가질 것만 가지셨던 할아버지의 경제 원리. 그러나 그 결과는 놀랍지 않았던가. 하나를 투자하고도 그 이상을 얻으셨으니.

땅 냄새 맡으며 마차를 달리던 할아버지 손에 쥐어진 채찍이 자꾸만 생각이 난다.

(2003. 12. 10. 충북일보)

외기러기

하늘만 바라보이고 물소리만 들려오는 소백산 자락에 붙어 있는 낯선 타향, 단양丹陽. 발령을 받고 눈 내리는 날 '다리재'를 넘던 차가운 기억은 지금도 잊을 수 없다. 승진하여 머나먼 길 마다하고 달려가야만 했던 처지였기에 싸늘한 미소가 가슴을 조이게 했던 그 날, 길바닥이 얼음이라 높은 봉우리 밑으로 내려 박히는 비탈길을 어이 가야 좋을지 몰라 당황했었다. 손을 호호 불며 차바퀴에 쇠사슬을 고쳐 맬 때는 온 길을 다시 돌아갔으면 하는 마음뿐이었다. 얼어붙은 계곡에서 불어오던 바람은 왜 그리 맵던지. 앞날의 희망마저 눈 속에 묻는 듯했다.

홀몸으로 나서 물 묻힐 것 그리 많지 않아도 손가는 데 많다. 여름이면 비가림을 해야 하고 겨울이 오면 차가운 바람을 온몸으로 받아내야 한다. 어느 때건 살붙이와 살 때처럼 내 몸 편히 놓아둘 수도 없거니와 편안한 휴식이 찾아와도 편안함이 느껴지지 않았다. 초임 발령지인 제

천과 근거리이고 당시 같이 근무했던 동료들도 몇 간은 있어 의지가 되었지만 매일같이 그들에 기대어 살 수도 없는 노릇이다. 해가 솟으면 희망을 걸고 서녘으로 해지면 떠남의 시간이 그리웠다. 해가 솟아도 그리움은 떠나지 않았다. 고향에 대한 그리움이 사무칠 때마다 문을 박차고 나가 길 가는 사람들 속으로 파고들어 보지만 내 머리만 불쑥 튀어나온 듯한 어색함만 돌아왔다. 어깨가 축 늘어지고 고개를 들지 못한다. 얻는 것도 없다. 그러기에 한동안은 표정을 잃은 채 줄에서 떨어지지 않으려는 광대의 몸짓으로 살았다. 먹이를 물러간 어미새가 언제쯤 둥지를 찾을까 하는 새끼의 심정이 되어. 공허한 공간 속에서 퍼덕이는 한 마리의 쓸쓸한 새는 서녘하늘에 걸쳐 있는 그믐달을 원망하면서 잠자리에 들었다. 고향을 떠난 이 한둘이 아닐 텐데, 왜 나만 흔들리고 있는 걸까?

향수에 젖은 그리움에서 벗어나려 무척이나 애를 썼다. 마음이 비어갈 때마다 씁쓰레한 소주잔으로 세상을 달랬다. 풀잎의 싱그러움이 있는 숲을 거닐고 나무 그늘에 기대어 사람 냄새 나는 시구詩句도 읽었다. 서녘 하늘의 노을을 바라보며 차곡차곡 쌓였던 지난날의 아픈 기억을 되새겨 보았다. 기적 소리에 놀라 잠 못 이룰 때에는 창에 기대어 초롱초롱 빛나는 밤하늘의 별을 세고, 풀벌레와 귀뚜라미가 울면 가을 들판에서 외로움에 떠는 허수아비를 떠올렸다. 하얀 눈이 내리는 겨울이면 창문을 열어 제치고 한 줄의 시詩를 읊조렸다. 하지만 그러한 몸짓은 얼굴에 드리워진 어두운 그림자를 잠시 걷어낼 뿐 타향의 설움까지 씻겨지지 않았다. 쓸쓸함에서 벗어나지 못하는 나날의 삶은 벌판에 홀로 남겨진 고목枯木. 가슴은 언제나 채워지지 않는 고향에 대한 그리움으로 끈적였다.

몸은 타향에 있더라도 늘 마음은 고향에 가 있게 마련이다. 길을 걷거나 숲을 바라볼 때에도, 사무실에서 키보드를 두드리거나 숙소로 돌아와 잠자리에 드는 순간까지도 고향 하늘이 아른거렸다. 어린 시절 뛰놀던 뒷동산의 산천초목과 꽃들이 다가왔다. 길가에 널려있는 주막과 네온사인은 젖은 영혼을 달래는 노래 가락이다. 짝 잃은 기러기의 냉랭한 가슴을 녹일 고향 소식은 언제 들려오는가? 애를 태우며 기다리는 가족들의 모습이 미치도록 보고 싶다. 입김이 닿았던 사람들의 영상이 천장을 휘돈다. 눈을 떠보면 다가갈 수도 없는 처지요, 이루어질 수 없는 현실이라 가슴이 미어진다.

주말이 오길 기다리지만, 막상 그 날이 와도 두렵다. 가족을 만나고 돌아설 때의 시간이 너무나 짧기에. 생이별의 아픔과 섭섭함에 발걸음이 떨어지지 않아. 만나지 않으면 그리움은 커간다. 그렇더라도 한꺼번에 그리움을 쏟아 내고 싶다. 와락 껴안고 소리 내어 울면 타향의 설움이 잦아들지 않을까.

사랑이 그리워 열병을 앓는 소년의 마음은 되돌릴 수 있다지만, 고향이 그리워 소태가 된 마음은 누가 얼러 준단 말인가!

남국의 햇볕을 주소서

요즘같이 날씨가 좋으면 아침에 복숭아를 따도 저녁나절이면 언제 땄냐는 듯 노릇노릇해진다. 매일 복숭아를 따다시피하니 복숭아밭에는 웃음꽃이 가득하다. 온 식구들이 매달려 힘들게 일해도 부가가치가 높아 그저 즐거운 나날이다.

원래 복숭아는 맛이 달고 수분이 많은 과일이다. 비타민과 유기산이 풍부해 여자들의 피부 미용에 좋다. 어린애들의 성장 발육을 돕고 니코틴의 독까지 제거하는 성분이 있으니 남녀노소 누구나 즐긴다. 옛날부터 못된 귀신을 쫓아주는 효험이 있다는 신비의 과일로도 알려졌다. 귀하고 귀하다 보니 썩은 것까지 먹게 하려고 꾀를 냈다. 밤에 몰래 먹어야 맛이 있고, 먹다가 벌레가 나와도 피부 미용에 좋으니 눈 뚝 감고 먹으라고.

복숭아는 명성에 걸맞게 세심하고 꼼꼼한 출하과정을 거쳐야 한다. 적기에 따야 하는데 껍질이 얇아 손자국이 나지 않도록 갓난애 다루듯

해야 한다. 무성한 나무숲과 울퉁불퉁한 밭이랑 사이를 가로지르며 손수레 끄는 일도 고역이다. 운반되어지면 크기별로 선별하고 저울에 달아 규격대별로 상자에 담는다. 보기 좋은 것이 먹기도 좋다고 때깔이 곱게 나도록 일일이 솔질하는 것도 잊지 말아야 한다. 운송과정에서 복숭아가 상하지 않도록 충격 방지용 포장지를 덧대야 한다. 그렇게 조심스럽게 여러 과정을 거친다.

그래도 요즘은 농사 기술의 발달로 복숭아를 깔끔하고 화려한 종이 상자에 담아내지만 예전에는 송판을 덧대어 만든 나무 궤짝을 이용했었다. 궤짝 밑바닥에 우선 볏짚을 깐 다음 복숭아를 얹고 그 위에 상처 나지 않도록 마분지를 덮었다. 그렇게 켜켜이 작업을 해야 한다. 궤짝 높이까지 담으면 15kg이다. 마지막으로 그 위에 짚을 수북이 얹고 상처 나지 않도록 송판을 덧대어 단단하게 못질하면 작업은 끝난다. 출하과정이 얼마나 더딘가.

복숭아밭엔 낙과가 즐비했다. 알도 잘고 때깔도 곱지 않다. 한참 복숭아가 영글어 갈 무렵에 비바람이 그렇게 몰아쳤으니 성한 게 얼마나 되랴. 밭고랑마다 근심덩어리가 굴러다닌다. 벌레 먹은 거며 새가 쪼아 상품가치를 잃은 것도 부지기수다. 출하를 해도 작년만큼 제값을 받을 수 없게 되었다. 아버진 작년보다 복숭아봉지를 1만여 장은 더 씌워 좋아하셨건만. 몰래 쉰 한숨은 산을 넘고 또 넘었을 것이다.

복숭아를 따내는 손길이 설고 동작이 어눌하다. 봉지를 벗겨 잘 익은 것을 골라내야 하는데도 새파란 게 자주 걸린다. 딴 거마저 땅바닥에 흘린다. 복숭아가 나뒹굴 때 가슴까지 덩달아 내려앉는다. 땅에 떨어진 복숭아는 노인네의 분신이다. 애지중지하며 자식 돌보듯 봄부터 키워 낸 것이기에. 온몸에선 땀이 비 오듯 한다. 안경알에까지 땀범벅이다. 장딴지에 옷이 철떡철떡 달라붙고 숨이 턱턱 막힌다. 솜털이 붙어 긁은 부위는 쓰라리다. 어쩌다 하는데도 이렇게 버거운데 이런 일을 매일 해낼 수 있을까? 퇴직하면 농촌으로 돌아가 고향을 지키겠다고 한 말을 자문해 본다. '텃밭에 콩이며 들깨를 심고 고추밭이며 논을 돌본다? 막일까지 꾀 안 부린다? 덩그러니 집을 짓고 저녁나절에는 풀냄새 묻혀 글을 쓴다?' 저만치서 들려오는 아버지의 목소리에 생각에서 빠져나온다. 어쨌든 오늘은 나까지 합세해 일을 거드니 무척이나 기분이 좋으신가 보다.

"뭘 그리 해여. 쉬엄쉬엄하지 않고. 복숭아도 먹어봐." 아버지가 손을 잡아끄신다. 손끝에 복숭아 향이 고인다. 한 잎을 베어 물자 상큼한 향이 코끝을 간질인다. 육질이 18세 처녀의 볼록한 가슴마냥 보드랍다. 상큼하다. 한 입 깨물자 단물이 주르륵 흘러내린다.

이렇게 달콤한 복숭아 향을 두 노인네의 가슴에도 흘러들게 할 수는 없을까?

가족에게서 멀어지는 연습

기러기아빠가 되어 때 아닌 타향살이를 하고 있는 단양에서 청주까지의 거리는 무려 140㎞. 교통이 나아졌다고 하나 승용차로 2시간이 족히 걸리는 먼 길이다. 얼마 전 '다리재' 터널이 뚫리어 30분이 줄어들긴 하였지만 곳곳이 낭떠러지이고 경사진 곳이 많아 차들이 거북이걸음을 한다. 주말 오후엔 도로가 항상 정체되기 일쑤여서 짜증으로 넘어야 한다.

겨울철이면 눈에 고립되어 오도 가도 못하거나 사고현장을 자주 본다. 처음 겪는 사람들은 문명이 닿지 않은 곳으로 오해하기 십상인 길이다. 그런 긴장 속에 청주까지 오고 나면 몸은 녹초가 된다. 거미가 쳐놓은 덫에 걸린 파리처럼 눈이 파르르 떨려 가족들의 얼굴을 제대로 볼 수가 없다. 이효석의 메밀꽃이 피는 평창에는 몇 년 전까지 경운기 엔진을 매달은 통통배로 개울을 건네주곤 하였는데 그때의 지루함이 되살아나곤 했다.

집을 찾아가면서도 짧은 만남을 뒤로하고 일의 전선으로 되돌아가야 하는 조바심 때문에 마음이 편치 않다. 그리운 얼굴 새기기도 전에 다시 헤어져야 하는 안쓰러운 처지가. 시간에 쫓기니 어떤 일이건 간에 초조함에 결단을 내리지 못한다. 우물쭈물하는 행동이 못미더워 더더욱 그렇다. 만나고 싶은 사람을 만나려 해도 불안하여 약속을 뒤로 미룬다. 아예 포기해 버리기도 여러 번이다. 이러다 보니 주말이면 매번 이별 연습을 하고 그리움을 가슴에 묻어야 한다.

주말을 보내고 맞는 월요일 아침은 맞기조차 두렵다. 늦어도 새벽 5시까지는 일어나야 하는데 출근시간에 맞춰 일어나지 못하면 어찌하나 해서. 닭 울음 자명종을 맞춰 놓아도 불안하기는 마찬가지다. 매주 되풀이되는 일이라 적응이 되고도 남으련만 언제나 잠이 덜 깬 얼굴로 허둥댄다. 식구들 잠까지 설쳐놓는다. 한번은 아내가 먼 길 나서는 나를 챙겨주고 중간에 잠이 드는 바람에 학교 가는 애들이 늦잠을 자는 소동을 벌였다. 가족들의 따스한 보금자리를 털고 나오는 게 어디 쉬운 일이겠냐 만. 이산가족이 서로 상봉을 하며 얼싸안고 웃음을 나누다가도 2~3일간의 짧은 만남을 뒤로하고 막상 돌아서는 자리마냥 언제나 가슴은 눈물바다다. 겨울철 문풍지를 헤치며 파고드는 삭풍처럼 가슴이 시려온다. 얼굴을 비비며 위로를 해와도 가족들의 눈동자에 어리는 이슬만 눈에 들어온다. 금봉 낭자의 애틋한 사랑을 뒤로하고 과거를 보러 박달재를 넘어가는 박달도령이 흘리던 눈물이 이보다도 더 진했을까?

가슴을 파고드는 서러움 때문에 집을 나서면서도 발걸음은 금세 얼어붙고 만다. 어둠과 정적뿐인 새벽길, 누구 하나 다가와 손잡아 주는 이 없다. 아무것도 깨어나지 않아 쥐죽은 듯한 도심에 내딛는 발걸음이 처량하다. 새벽안개의 고요 속에서 혼자만의 고독을 느껴본 이야 그 기분의 서늘함을 알까? 빠듯한 시간 속에서 단 1분이라도 늦어 열차를 타지 못할까봐 조바심 하는 나를 그 누가 보았더라면 광대가 춤을 추는 모습과 흡사해 웃음이 절로 나왔을 거다. 신선한 새벽을 여는 여명이 반가울 리 없다. 파릇파릇한 새싹이 돋아나고 갖가지 꽃들이 피어나 가슴에 와 닿아도 그저 졸린 눈으로 시간을 잠식해 가야 한다. 한적한 시골길을 가로지르는 경운기나 기차의 터덜거림 속에서 낭만과 추억을 건져 올릴 수가 없다. 들녘에 핀 코스모스나 벼이삭들이 낯설어 보이는 건 어쩌면 당연한 일이고 겨울눈의 속삭임도 그저 그런 얘기로 남겨진다.

집을 나서면서도 챙겨야 할 것이 한두 가지가 아니다. 혼자 먹는 밥이라 맛있을 리 없지만 세월을 이기려면 그럭저럭 '일식삼찬'은 돼야 한다. 아무리 적막한 집이라도 혹시 들이닥칠 손님을 위해 서러움의 숟가락도 몇 벌 더 챙겨야 한다. 날씨가 심술을 부리는 때를 대비하여 여분의 옷가지를 더 준비해야 하고 낙엽이 거리에 뒹굴면 가족들의 품에 안기고픈 마음에 하루에도 손수건이 몇 개나 젖는지 손수건 챙기는 일도 쉽지만은 않다. 달콤한 잠을 자고 사람들에게 편안한 웃음을 주려면 가족들의 웃는 얼굴도 담아 와야 한다.

그리움이 담긴 가족사진도 품에 넣어 와야 심심하지 않다.

혼자 사는 사람의 아침

아침에 일어나니 방안엔 싸늘한 기운이 돌고 방바닥이 얼음장이다. 내쉬는 입김이 천장까지 번진다. 어깨가 시려오고 얼굴에선 까칠까칠한 감촉이 그대로 와 닿았다. 추운 벌판에서 돌아온 개구쟁이의 손등처럼. 그 동안 방안에서 나의 체온을 유지하게 했던 옷가지며 가재도구들도 밖에서 금방 들여놓은 것처럼 낯설다. 라디오에서 흘러나오는 음악은 차가운 냉기에 힘을 잃은 듯 잡음으로 변해 귀에 스며든다.

아니나 다를까. 보일러 계기판을 보니 일정한 간격을 두고 노랑불이 깜박깜박거린다. 평상시와 달랐다. 분명 뭔가 이상이 생긴 거다. 뭔지는 몰라도 이른 아침부터 일이 크게 벌어질 모양이다.

보일러에 표시된 대로 작동 설명서를 읽어 내려갔다. '온수 공급 장치의 필터가 막히거나 급수 배관에 이물질이 끼면 불이 깜박이는 현상이 나타난다.' 설명서대로라면 그리 걱정할 것도 없어 보였다. 혼자서도 거뜬히 해낼 수 있을 것 같았다. 필터를 청소하고 막힌 부위를 뚫었다. 이왕 손댄 김에 묵은 먼지를 털어내고 노즐도 닦아냈다. 어느 정도 된 듯싶어 휘파람을 불어가며 자신만만하게 ON 스위치를 넣었다. 그런데 보일러는 꿈쩍하지 않았다. 기술이 먹혀들지 않았다. 작년 겨울 사택을 비웠을 때도 그토록 냉방에서 고생을 했는데 보일러가 얼어 터지면 이 추운 겨울을 어찌 보내야 할까, 막막할 뿐이다. 겨울이 미워진다. 조금 전에 자신 있다 소리친 용기는 온데간데없다. 옆에 가족도 없다. 아내는 걱정 어린 눈빛으로 연장을 집어주며 '잘 돼가요.' 말이라도 걸고, 애들은 '아빠 추워. 다 고쳤어. 빨리 고쳐 줘.' 하며 차라리 응석이라도 부렸으면 좋으련만 방에는 냉기만 돈다. 쓸쓸하고 허전하다.

사무실 출근 시간이 점점 다가오니 부스스한 머리라도 매만져야 한다. 얼굴에 붙은 졸음도 떼어내야 한다. 세숫물을 가스레인지에 올려놓았다. 엎친 데 덮친 격으로 오늘따라 불꽃도 시원치 않다. 모든 것이 꼬여가면서 아침은 엉망이 되어간다. 객지로 발령 나고부터 징크스인지 몰라도 아침에 좋지 않은 일이 생기면 하루 종일 그 일이 부스럼마냥 따라다녔는데 하루의 시간이 두렵다.

그러나 이게 웬일인가. 그렇게 시원찮던 가스 불꽃이 활활 타올라 방안을 밝힌다. 가스 불에 올려놓은 세숫물이 막 끓기 시작하여 내 곁으로 다가오려는 순간이었다. 보일러는 언제 그랬냐는 듯 강렬한 불빛을 뿜어내며 힘차게 돌아갔다. 물끄러미 나를 바라보며 놀려대는 것 같았다. 별일 아닌 조그만 것에도 민감해하며 안절부절못하는 내 모습을 보일러한테 들키고 말았다.

이른 아침부터 부산을 떨었던 내 자신이 부끄러워진다. 날씨가 매섭게 추워지면 가스 공급이 원활하지 않다는 이야기는 들었어도 보일러 작동까지 방해하는 줄은 몰랐다. 기름 넣으면 자동차가 굴러가듯 보일러도 전기코드 꽂으면 저절로 돌아가는 줄 알았다. 옆에 누구라도 있으면 빙그레 웃으며 세상에 이런 일도 있구나 하며 한바탕 웃어넘길 텐데, 방안을 아무리 둘러봐도 반겨주는 이 하나 없다.

혼자 사는 사람들은 기계 문명이 발달하면 발달할수록 큰 어려움이 없을 거라 믿는다. 승진 발령이 나 단양 객지에 살림을 나면서도 살림살이를 제대로 챙기지 않아 형광등을 갈아 끼울 때 갓이 열리지 않아 애를 먹은 적이 있다. 벽에 못 하나 박으려 해도 장도리가 없어 며칠간 이웃집 눈치를 봐야 했다. 세상이 편리해지면 질수록 편한 것에 길들여진다. 기계 문명에 종속돼 간다.

정신없던 아침의 호흡을 가다듬으려 베란다 창을 열었다. 여느 때보다 바람이 차다. 때마침 '신단양교' 위로는 기차가 꾸역꾸역 연기를 내뿜으며 단양천을 넘어간다. 아무 말 없이 달려가지만 기차의 궤적이 무거워 보인다. 설상가상이란 말이 생각나 출근을 하면서도 오늘 하루가 무사했으면 하는 마음으로 길을 나선다.

혼자 사는 사람의 아침이 부산스럽게 흘러간다.

(2004. 3. 4. 충북일보)

날달걀 맛을 아세요?

아이를 키우는 집에선 달걀만큼 밥상에 자주 올려지는 반찬은 없다. 입맛이 없는 경우에 올려져도 그럴듯한 음식이다. 찬거리가 마땅치 않아 급하게 식탁을 준비할 때에도. 그렇지만 날로는 먹질 않는다. 삶거나 끓인 맛에 익숙해져 날것은 아예 못 먹는 것으로 안다. 날달걀의 맛을 몇이나 알까?

우리 집은 옛날부터 가축이 잘되었다. 할아버지 때에는 소를 길러 집안을 일으키셨고 그 후에는 농사지을 손이 딸려 손이 덜 가는 돼지를 길렀다. 개는 집이 든든하라고 키워 오고 있다. 지금은 닭을 키우지 않지만 당시엔 든든한 벌이거리였다. 성장이 다른 짐승보다 빠르고 키우기가 쉽다. 먹이가 좋다면 1년 내내 알을 낳는다. 알 한 판이 모이면 검정고무신이나 러닝셔츠로 바뀌어 돌아왔고 심심하지 않게 비릿비릿한 고등어나 꽁치도 입에 넣을 수 있었다. 도시락 반찬이 짠지나 마늘종이 고작이었는데 달걀 프라이만 넣어주면 생일날이다. 달걀 장수가 동네를 오가며 알을 사 가거나 직접 팔기도 했다. 또래 아이들과 노는 재미 이상으로 숨겨진 비밀을 털어내 보려 한다.

난 노는 데 정신이 팔려 있다가도 알 낳을 시간이 되면 헛간 근처에서 쭈뼛쭈뼛하였다. 방안에 숨어 뜯겨진 문창호지 사이로 오가는 사람들의 동태를 살피기도 했다. 그러다 닭이 '꼬꼬댁 꼬꼬댁' 하고 알을 낳고 나오면 냅다 헛간으로 달음질했다. 닭이 헛간을 채 벗어나기도 전에 들이닥치면 놀라서 허둥댔다. 입안으로 스며드는 감미로움에 닭이 어떻게 되든 상관 안했다. 달걀을 움켜쥐고 나서 흘리는 웃음. 손안에 만져지는 따스함의 감촉과 목을 타고 흐르는 그 부드러움은 잊을 수가 없다. 알껍데기에 닭털이며 피 얼룩이 묻어도 흉칙하지 않았고 비릿한 맛에도 괘념치 않았다. 헛간 흙벽 모서리 각진 기둥에 톡톡 두드려 양쪽으로 구멍을 내는 게 우선이었다. 엄니 눈에 뜨일까 하는 두려움이 있었지만 먹고 나서 소매 깃으로 입 주변을 쓰윽 닦고 났을 때의 행복감이란! 남 몰래 맛보는 스릴과 감동을 그 누구에게 말하랴.

먹다가 들키는 날도 더러 있었지만 그래도 엄니는 아들 하나 귀하게 여겨 혼 내는 날보다 모르는 척하시는 날이 더 많았다. 미안한 마음을 갚으러 모이도 열심히 주고 벼이삭을 주워 모았다. 닭 모이 주는 건 으레 내 차지였다. 고얀 냄새가 나는 닭장 청소까지 서슴없이 해댔다. 먹이가 부실하면 알이 잘고, 알을 낳지 않고 건너뛰는 날도 있다는 것을 알게 되었다. 이렇게 닭에 관심을 갖고 관찰하는 일이 많아지면서 새로운 것을 많이 알게 되었지만, 실은 내 간식을 튼실하게 하기 위해서였다.

그런 철부지 시절을 보내고 청주로 나와 고등학교를 다닐 때였다. 어느 날 시골집에서 급한 전갈을 받았는데 연락이 가기 전까지는 꼼

짝도 말고 당분간 집에 오지 말라는 것이었다. 필요한 것 있으면 부쳐 주신다며. 자초지종은 이랬다. 시골 동네 가게주인이 변을 당했는데, 동네는 물론 그 주변 사람들 모두 잘잘못을 캐묻고 들어간단다. 정월 대보름 풍습 중의 하나로 '밥 훔쳐 먹기'를 하다가 들켜도 잘 봐주던 시절이었는데 그러한 조그마한 것도 죄가 된다 하였다. 〈동백꽃〉의 마름집 딸 점순이는 소작농의 아들에게 호감을 사려고 일부러 닭을 못살게 굴거나 닭싸움을 시켜 벼슬을 시뻘겋게 물들여 애를 태웠지만, 나는 그러한 순정도 없이 동네에 있는 닭을 못살게 굴었다. 유리창을 깬 아이조차 혼쭐나고 나왔고, '닭서리'를 같이 하던 친구까지 불려 들어가 호되게 당하고 나왔으니 지나온 내 삶의 흔적들이 두려워지기 시작했다.

수박이며 참외서리는 아무것도 아니요, 콩이며 밀 이삭을 따다 구워 먹느라고 입가엔 숯검정이 되기 일쑤였다. 외삼촌 꾐에 빠져 과수원에 들어가 사과를 한 아름 따와서는 오래오래 두고 먹으려고 밭둑 밑에 파묻어두었다가 들키는 바람에 혼쭐이 나기도 했다. 자치기를 하다가 아래 부잣집 창고 천장 슬레이트에 구멍을 내놓는가 하면 남의 집 안마당을 넘어 밥상에까지 메뚜기를 올려놓기도 했다. 한번은 초등학교에서 영화를 상영한다 선전해놓고 오지 않아 그 화풀이로 친구네 구멍가게로 10원을 들고 몰려가 100원어치만큼 빵을 들고 나오는 심술을 떨기도 했다. 이러니 나라고 죄를 면하겠는가.

그런 철부지 시절의 추억이 아른아른해 그 후로도 날달걀 맛을 지울 수 없었다. 열차 여행을 할 때나 단양에서 주말에 집으로 오는 차 시간에 쫓길 때에도 찐 달걀을 챙겨 먹었다. 배고픔을 달래며 추억을 삶아 먹었다. 시골에서 갓 올라온 날달걀이 이 자리에 올려진다면 다른 반찬은 다 내어줄 수 있다.

그나저나 요즘은 조류 인플루엔자鳥類毒感 때문에 이런 생각도 잠시나마 접어야겠다.

아내라는 이름표

갖은 양념을 한 고등어가 자작자작하며 노릇노릇해진다. 겨우내 얼어붙었던 땅 거죽이 봄기운을 받아 오동통해지듯이 그렇게 익어간다. 바다 냄새가 올라왔다. 소금기 밴 냄새가 풀꽃처럼 싱그럽다. 하지만 아내의 손길이 없다. 아내의 손길이 필요함은 나 자신이 늙었음이다.

오늘은 동갑내기 모임, 그제는 작은애 자모들과, 어제는 큰애 초등학교 1학년 때 결성된 친구들과 점심을…. 그렇게 자신의 삶을 가꾸는 자리임에도 아내는 주방과 식탁을 쉽사리 벗어날 수 없나보다. 나가면서도 미안하다는 말을 연거푸한다.

아내가 집을 비울 때마다 그 자리가 크게 느껴지는 건 왜일까? 대학 시절에도, 그 후 직장을 잡았던 첫해에도, 결혼하고 나서도, 얼마 전 기러기아빠가 되어 단양에서 3년 가까운 기간 자취생활을 해보았건만 주방에 들어설 때마다 타인이 되고 만다. 오늘도 양념통을 어디에 두었는지, 얼마를 넣어야 간이 맞는지 허둥댄다. '내 밥' 만 챙기면 되는데도 주방을 아수라장으로 만들어놓는다. 바깥 생활을 하면서는 세상 사람들의 손에 길들듯이 울타리 안에서는 아내의 손길에 젖어 사나 보다.

가스레인지에 커피 물을 올려놓았다. 지난날의 아픔과 흔들림의 눈물도 그 속에 집어넣어 본다. 낭만과 자유를 구별 못하던 학창 시절 늦은 시간 집으로 돌아오는 길에 만났던 소녀의 손에는 우산이 쥐어져 있었다. 소주잔을 기울이며 어둠을 몰아내려 했던 '80년 흔들리는 캠퍼스에는 어용과 무능으로 얼룩진 교수들로 들끓었고 피 냄새가 진동을 한 광주민중항쟁을 보아야 했다. 거기에도 조숙한 소녀가 있었다. 노란색 털이 북슬북슬한 스웨터를 즐겨 입었고 청바지보다 치마가 잘 어울렸던 그녀. 권력자들은 마구잡이로 칼을 휘두르며 거리를 질주했다. 어쩔 수 없어 난 지하다방에 몸을 숨겨야 했고 청춘을 불살라 보지도 못한 채 자욱하게 담배연기만 내뿜어냈다. 희망의 봄은 없는 듯했다. 가슴을 달궜던 여인은 배움의 한으로 얼룩져 고행을 해야 했고 자신의 서러움 때문에 야인이 되어 머나먼 부산으로 숨어버렸다. 광주는 희망과 순수, 그리고 사랑마저 앗아가 버렸다. 그늘에 가리어진 앞날을 더 캄캄하게 만들어갔다. 햇빛을 보려 했지만 출구가 보이지 않아 어쩔 수 없이 난 군대로 피신해야만 했다. 그리고 세월이 흘렀다. 들끓음과 거칠음의 시간이 지나고 아픔의 상처를 치유해 갔다. 새로운 봄이 시작된 거다.

햇살의 온기가 가시는 11월의 오후, 여주 신륵사는 석양으로 붉게 물들고 있었다. 기울어가는 석양을 보며 우리는 함께 걸었다. 벤치에 앉아 들끓는 열정으로 손을 잡았다. 그렇지만 가슴속은 냉랭했다. 바람이 휑하니 지나가고 먼지가 일었다. 몇 개 남지 않은 나뭇잎이 발밑으로 날아들었다. 지나가는 사람들의 눈길이 우리의 길들여지지 않은 모습과 표정에 머무르곤 했다. 덜덜거리는 버스 안에서도 그녀는 어색함을 감추려 자꾸만 차창 밖으로 시선을 돌렸다. 흐릿한 잔상을 벗겨내고 두려움을 걷어내고 싶어 했다. 만남이 며칠 되지 않았기에 앞날에 대한 불안감과 미래에 대한 불확실성으로 물었던 말을 되물어 왔다. 그때 난 그녀의 관자놀이가 먹이를 노리는 독수리로 변해 심하게 꿈틀거리는 것을 보았다.

어느새 가스 불에 올려놓은 주전자가 요란한 소리를 내며 끓어오른다. 사랑의 입김을 확인하라는 신호. 평시 넣던 양보다 한술의 커피를 더 넣었다. 그윽한 눈빛으로 커피 향을 음미해가며 미래를 위한 의식에 들어갔다. 떨림의 순간들이 서서히 가라앉는다.

아내는 푸른 꽃을 보려 했지만 인형의 집에서 벗어나지 못하고 있다. 하고 싶은 것들, 먹고 싶은 것들, 만나고 싶은 사람도 시선 밖에 두었다. 소 잔등에 걸터앉은 노인이 곰방대를 물고 산모롱이를 넘어갈 때마다 뒤꼍에 주저앉아 슬픔을 뱉어냈다. 애들 얼굴을 먼저 떠올렸다. 그토록 사진첩에 있는 추억을 가셔내지 않음은 가슴에 응어리가 남아있음이다.

빗소리가 들려온다. 아이들 울음소리보다 더 크게 들려오는 마음속의 비. 라디오 볼륨을 높여도 빗소리는 여과되지 않았다. 그 때 전화벨 소리에 놀란 가슴은 허공에서 찻숟가락처럼 흔들린다.

밤하늘의 별이 총총하고 머리 위에서 달이 춤추더라도 오늘만큼은 창문을 열지 말자. 꿈꾸듯 하늘을 상상하는 것조차 뒤로 미뤄 놓자.

(2006. 청풍문학 제10집)

아버지의 눈물

전화벨이 울린다. 숨쉬기조차 어려운 아버지의 목소리. 토해내는 절규, 그 자체가 고통이다. 몸도 말을 듣지 않고 마음도 마음대로 못 하신다.

"자꾸 한기가 와. 이불을 덮어도 추워서 견딜 수가 없어. 어제 퇴원했는데 병원에 있을 때는 괜찮았는데, 왜 그런지 몰라."

"열은 어때요?"

"전번과 같아. 38~39도를 오르내려. 병원 김○○ 약사에게 전화를 해봐. 왜 그런가. 이번 주사약은 지난번보다 덜 독하잖아."

난 안다, 아버지의 현재 상태를. 약사에게 물어본다고 말씀드렸지만 물어볼 일도 아니다. 몸 상태는 그 끝을 향하고 있다. 음식도 받지 않고 소화 능력도 미약하다. 지난 일요일, 병원에서 고모님은 얼굴과 다리가 붓는 것을 보시고는 무언無言의 끄떡임을 보내셨다.

소변을 가리지 못한 적도 있었고, 변비약의 여파로 난장판이 된 적도 있다. 몸의 장기와 조직은 제 기능을 못하니 모든 것이 막바지다. 몸이 말을 안 들어 먹지 못하고 삼키지도 못하면서 끝나가는 게 인생인가. 사는 날까지 편하게 살다가 죽을 수는 없다지만, 그래도 인간이 세상에 나와 이런저런 좋은 일도 많이 하는데.

신은 인간에게 견딜 만큼의 고통을 준다고 했다. 그렇지만 그건 고통을 겪어보지 않고 경솔하게 하는 이야기다. 어찌 함부로 얘기하려 하는가. 인간은 동물과 달리 그릇이 커 고통을 이겨낼 능력을 갖췄다 해도 그래도 너무나 잔인한 주문이다. 세상에 나와 거짓말하고 남에게 피해를 주는 사람이 너무나 많다. 나쁜 짓을 하면 죽을 때 죗값을 치르느라고 지독한 고생을 한다지만, 그것 또한 옳지 못한 잣대이다. 저녁을 먹고 곤한 잠을 자다 주변 식구들도 모르게 편안하게 잠드는 분도 있다. 가족들 속 안 썩고 근심 걱정 덜어준다. 그와는 달리 비행기나 차 사고를 당하는 사람들도 늘어만 간다. 순간적인 고통을 느끼겠지만, 뜻하지 않은 죽음이라 가슴 아프지만 당사자에게는 차라리 행복이다.

2001년도 5월말경이다. 정확히는 5월 31일 새벽. 그날 아버지는 처음으로 죽음을 가까이서 경험하셨다. 당시 나는 공무원 교육원에서 중견 실무자 과정 교육을 받는 중이었다. 이른 아침 논에 물꼬를 보러 가셨다가 고혈압으로 쓰러지셨는데 다행히 동네 이장이 즉시 발견하고 친구 분의 도움으로 장호원 병원으로 후송하면서 집으로 전화를 해왔다. 보호자를 찾는단다. 응급조치 과정이나 치료차 입원 수속을 하려 해도 보호자 없이는 아무것도 할 수 없다. 그런데도 아내는 전혀 내색하지 않았다. 시골병원에서 여의치 않자, 음성 성모병원으로 옮긴다며 아들을 찾는데도 아내는 내 시험을 망치기 않기 위해 혼자 이리 뛰고 저리 뛰었다. 남들이 애타게 찾아도 서울로 교육받으러 갔다는 핑계를

댔다. 모험을 건 아내의 시험이며, 아버지에겐 목숨을 건 시험이었다. 그 후 청주에서 보름 이상 치료를 받고 회복이 되셨다. 차라리 그때 돌아가셨으면 아무런 고통도 없었을 텐데 하고 아내와 난 가끔 철없는 얘기를 하곤 했다.

'인생이란 선택이다.' 라고 말한 사람도 있지만 죽음 앞에서는 선택은 존재하지 않는다. 호의호식을 하거나 감방에서 여러 날을 보내도 가는 순간은 다르지 않다. 행복과 불행은 백지 한 장 차이라 했다.

항암 주사를 맞으실 때 담당 주치의는 한 달이나 석 달을 연기해 맞는 게 어떠냐고 주문을 해 왔다. 한 달이나 석 달을 못 넘긴다는 암시였다. 항암주사는 생명을 조금 연장하는 것뿐이라는 암시. 아버지도 생명의 갈림길에 서 있다는 것을 아시는 눈치였다. 지칠 대로 지쳐 약 기운을 이겨내기 어려운 상태이고 항암주사도 더 이상의 효력이 없음을 알지만 아버지의 눈빛은 너무나도 간절했다. 지푸라기라도 잡으려는 아버지의 청에, 약 효과도 없으니 앞으로 잡수실 것 마음대로 잡수시는 게 어떠냐고 말할 수가 없었다.

이제 아버지는, 가족들의 얼굴과 못난 사람들의 미움도, 찾아준 친구와 만나고 싶지만 만나지 못한 사람과, 그 동안 내가 잘못하여 마음 아프게 한 사람도 만나지 못한다. 하늘의 태양과 푸른 산의 소나무와 논두렁길과 꿈이 여무는 과수원에서 울어대는 매미 소리도 보거나 듣지도 못한다. 파도가 일렁이는 바닷가에서의 낭만이며, 한 잔의 소주와 눈물도 그리움도 바람과 희망도 없다. 아쉬운 거, 보고 싶은 것, 겪어보고 싶은 것, 모두, 모든 것이 시간이 없다. 뒤돌아볼 시간이 짧다.

그런저런 생각에 눈물 흘리실 시간조차 없다.

똥개

우수를 하루 남겨 놓은 까치설날 오후, 담장 너머로 훈훈한 봄바람이 밀려든다. 따스함이 옷깃을 간질이고 대문 옆에선 강아지가 벌써 낮잠을 즐긴다. 이런 날이면 켜켜이 박힌 겨울의 묵은 때를 벗겨내고 싶다. 화단에 심겨질 꽃을 위해 호미질을 하고 싶다.

화단으로 가 둘둘 말아놓은 비닐을 걷어냈다. 각목과 서까래가 잔뜩 뒤섞여 있다. 철근 조각이며 농사에 쓰이는 활대까지 엉켜 있다. 지난해 행랑채를 뜯어내고 미처 정리를 못한 것들이다. 정리하는 손길이 더딜 수밖에 없다. 행랑채는 72년이란 긴 세월 동안 임씨 가문의 대들보 역할을 해냈다. 밥을 먹고 잠자리에 들기 위해 들어섰던 공간. 가족을 연결하는 소중한 통로. 힘들고 지쳐도 행랑채에 들어서면 피로가 가셨다. 눈물과 회한悔恨을 삭이며 가족과 연결하는 끈이 되어 주었다.

마음을 다잡지 못해 싱숭생숭하는데 강아지가 또 짖어댄다. 모처럼 식구들이 앞마당을 오가니 기분이 좋은가 보다. 연방 껑충껑충 뛴다.

수레가 가까이 갈 때는 앞다리를 쳐들며 다가오려 발버둥을 한다. 얼마나 사람들의 발자국이 그리웠을까. 이런 날은 목사리를 풀어줘도 좋으련만 전에 타 동네까지 줄행랑을 놓아 골탕을 먹인 적이 있기에 마음을 붙잡는다.

"아빠, 강아지가 이상해?" 방에 있던 딸아이가 나오면서 하는 말이다.

"신이 나 짖는 겨. 명절이잖아."

"아냐. 어디 아픈 거 아냐?"

"아프다고?"

모처럼 사람들이 몰려들어 관심 둬달라는 것으로 생각했었다. 그런데 그게 아니라고. 그 동안 못 받은 정 듬뿍 달라 애원하는 거며, 좋아서 날뛰는 줄 알았는데.

어렸을 때부터 우리 집에선 큰 개가 나가면 강아지가 들어왔다. 시골이라 빈집이 늘어나고 사람마저 하나 둘 흩어져 가니 든든했다. 식구들은 자연스럽게 강아지와 친해질 수 있었고 좋아하게 됐다. 밤하늘에 떠다니는 별을 쳐다보아도 적적함을 메워주지 못했다. 마실을 가거나 일터에서 돌아오면 꼬리를 쫄래쫄래 흔들며 반가워하는 그 교태를 어찌 그냥 넘기랴. 멀리 있어 얼굴 내밀기 어려운 자식보다도 재롱을 부리고 짭짤한 용돈까지 쥐여주니 그 고마움을 무시할 수도 없었을 것이다.

그러다 한 번은 색다른 품종이 집에 들어왔다. 개를 싫어해 밥그릇 한번 채워주지 않던 아버지가 어느 날 불쑥 강아지를 한 마리 매달고 들어온 것이었다. 불그죽죽한 털이 숭숭 박힌 잉글리시 코카스파니엘. 덩치가 불도그처럼 작았지만 성질은 매우 사나웠다. 목사리를 풀어놓는다면 낯선 사람에겐 영락없이 대들어 해코지를 하고도 남았다. 작은 주인인 내게도 사정없이 짖어댔다. 포악스럽다는 표현이 맞을 거다. 객지 생활을 하지만 간간이 집에 들러 얼굴이 익었을 텐데 둔하기는 한결같았다. 그렇게 알은체를 해도 알아주지 않았다.

그러던 어느 날, 화장실에 갔다 나오는데 갑작스레 대들어 바짓단을 물어뜯은 일이 벌어지고 말았다. 장딴지 부분이 20㎝ 정도 일자로 뜯겨나가고 할퀸 자국이 선명했다. 창고 문고리에 매달아 놓아 다행이지 끈이 풀렸더라면……. 바지가 아깝기도 했지만 소스라치게 놀란 감정이 쉬 가라앉지 않았다. 얼마나 놀랐던지 온몸에 소름이 돋았다. 당장에라도 치우고 싶었다. 하지만 아버지가 너무나 소중히 여기는 요물이다. 분한 마음에 죽으라 하고 돌멩이를 여러 차례 던졌다. 그래도 화가 풀리지 않았다. 쳐다보기조차 싫었다. 그 사건 이후로 순한 똥개가 자리를 이어받았지만 그 질로 어떤 개나 정나미가 떨어졌다. 순한 강아지라도 머리를 쓰다듬는 손길 한 번 주지 않았다.

개에 대한 미운 감정이 북받쳐왔지만, 여하튼 사정은 알아야 했다. 설음식에 바쁜 어머니에게 물으니 냉장고에 굴러다니던 고등어가 있어 삶아 먹였다 한다. 그렇다면 분명히 체한 것이다. 식중독? 그래서 슬픈 목소리를 냈나? 말 못하는 짐승에겐 목소리가 신호이다. 그런대도 눈치를 못 채다니. 나나 어머니나.

사람도 살아야 하지만 개도 살아야 한다. 방안으로 들어가 소화제를 찾아보았다. 아무리 찾아도 없다. 방안을 다 뒤지다시피했지만 소화제는커녕 알약 하나 구경할 수 없다. 아버지의 병고 때문에 늘 약이 떠나지 않았는데, 아버지의 잔상이 되살아나지 않게 장롱이건 서랍이건 모조리 비워낸 거다.

집에서 10여 리가 넘는 장호원 시내까지 나가 약을 사오고도 싶었지만 일이 아직 끝나지 않았다. 옷차림도 걸렸고 명절 전날이라 교통 혼잡을 염려하지 않을 수 없다. 그런 와중에 어머니는 어디선가 약봉지를 꺼내들고 나오셨다. 뭔가 해 열어보니 거기엔 주사액 병이 담겨 있다. 조그만 유리병 3개와 주사기까지. 어머니는 순식간에 주사기를 꺼내들고는 주사액 병에다 꽂았다. 며느리에겐 강아지를 움켜잡고 손녀에겐 머리를 움직이지 못하게 잡으라 하며. 다행히 어머니가 꽂으려 한 병엔 약이 없었다. 빈병이었다. 어느 해인지 모르지만 동네에 개 전염병이 돌았나 보다. 설사 방지제와 전염병 치료제가 들어 있다. 놀라지 않을 수 없다. 분명히 어머니가 그 약봉지의 정체를 알 텐데 사정을 알아보지 않고 그걸 쓰고자 하신다.

아무리 급하더라도 약은 옳게 써야 한다. 그 옛날 아픈 기억이 울컥 치밀고 올라왔다. 내가 초등학교에 들어간 그 해 봄에 남동생은 약의 오용으로 세상을 달리해야 했다. 놀라지도 않았는데 놀란 약을 먹여. 나와는 4세 차이가 났지만 무척이나 영리하고 똑똑해 귀여움을 독차지하던 아이였었다. 봉당 앞에 닭이 노닐면 막대기를 들고 뒤뚱뒤뚱 병아리걸음으로 장난을 걸던 모습이 지금도 뇌리에서 떠나지 않는다.

그런 진풍경을 보고 있던 아내가 사이다 한 병을 개밥 그릇에 부어주고 나서야 소동이 끝났지만 가슴속엔 한동안 여운이 떠나질 않았다. 아무리 똥개라 해도 병에 맞는 약을 먹여야 한다.

▌초등학교 친구들과

5_ 꽃은 꺾여져도 피는데

연탄난로와 아이

제비

꿈꾸지 못하는 아이들

가위바위보 게임

봄볕을 먹고 사는 아이들

그 시절 그 노래

어느 학교의 이색 졸업식

애들은 파도를 닮아간다

꽃은 꺾여져도 피는데

빈방

연탄난로와 아이

저녁 송년 모임으로 정해진 식당을 찾아갔다. 거리에서 만나는 사람들도 어디론가 바삐 가는 것을 봐서는 나와 같은 모임에 가나 보다. 식당으로 들어서니 차가 꽉 들어찼고 방안에선 잔 부딪치는 소리가 요란하다. 1년 동안의 흔적을 지우고 아쉬움을 메우려는 떨림이다. 다가오는 새해에 대한 막연한 기대도 그 속에 담겨 있으리라.

정해진 방으로 들어가니 친구들 내외가 벌써 몇 와 있다. 시간이 가면서 하나 둘 모습을 드러낸다. 두 달에 한 번씩 만나는 모임이지만 여름 휴가철에 맞춰하는 천엽川獵과 연말 송년모임에는 항상 부부를 동반한다. 고등학교 같은 반 애들이 뜻을 이뤄 지금까지 이어지고 있으니 젊음의 반토막은 이 모임에 내준 셈이다. 처음 모임이 결성될 때 15명이 만났는데 강산이 두 번 변하고 더 지났으니 생을 달리하였거나 이상과 현실이 맞지 않는다며 모임을 떠나가거나 사는 게 힘든 지 몇 년 동안 얼굴을 내밀지 않는 친구도 있지만 한번 만나면 언제나 어린애의 가슴으로 그 동안의 얘기를 풀어내느라 식당이 떠나간다.

뽀얗고 패기 있던 얼굴이 주름으로 덮여가고 천하를 호령하던 머리에는 허연 그늘이 드리워져 있다. 치과에 다녀온 나뿐만 아니라 몸이 불편한 친구는 소화가 되지 않는다며 술잔을 홀짝홀짝 기울인다. 다 나이가 들어가면서 얻게 되는 부산물이다. 지난날들의 초침이 흘러가면서 바가지로 먹던 술이 잔으로 바뀌었고 거리에서 방황하는 대신 따뜻한 차 한잔에 의미를 둔다. 풋사랑이나 거리의 악사들을 좋아하였던 애들조차 쪼들리는 살림살이 때문에 흔들리는 가장의 모습을 먼저 떠올린다. IMF 시절에는 그래도 모아 놓은 것 있어 곶감 빼먹듯이 빼먹었는데 지금은 바닥이 드러나 빼 먹을 것조차 없다며 신세 한탄을 한다. 너나 할 것 없이 씀씀이를 줄여 보지만 어디까지 허리띠를 줄여 매야 할지 모르겠다고. 언론에서조차 하루가 멀다 하고 경제가 어렵다고만 부추기고 있으니 주머니에 손을 넣었던 사람들조차 마음을 바꾸고 정말로 이러다간 얼마 안 가 다들 거리로 쫓겨나는 게 아닌가 하고. 이놈의 한 많은 세상 어찌 살면 좋겠냐며 깊게 담배연기를 빨아들이기도 한다.

말하면 뭐하랴. 식당에 이렇게 사람들이 우글거리는데도 홀에는 연탄난로가 등장했다. 시내 한복판에 자리하고 있어 그럭저럭 먹고 살 만할 텐데도 연탄불이 피워져 있다. 한 푼이라도 아끼려는 마음이다. 경제가 어렵지 않다면 굳이 지하 창고 먼지 속에서 뒹굴던 연탄난로를 꺼냈겠는가. 철물점이 모여 있는 육거리시장으로 가거나 중앙시장에서 손부끄럽게 연탄난로를 달라 했겠는가. 그나마 지금은 찾는 사람이 많아 구하기도 어렵거니와 연탄도 500장 이상 주문을 해야지, 그렇지 않으면 1주일 이상 지나야 차례가 온단다. 얼마 전에 부동산 사무실을 연 친구도 처음에는 석유난로를 놓았다가 지금은 연탄난로로 바꿨다고 한다. 하루에 연탄 3장, 단돈 천 원이면 온종일 따뜻하게 보낼 수 있으니 체면 따질 때가 아니라며.

모충동 옥탑 방에 전세를 얻어 신혼살림을 차렸던 시절이다. 세 들어 살던 2층방은 단열 시공을 하지 않고 날림으로 지은 집이라 여름이면 찜통이고 겨울이면 얼음장이었다. 하루에 연탄 6장을 피워댔지만 여전히 벽에서는 바람이 숭숭 스며들었다. 방이 건조하고 온도차가 심해 그 해에 태어난 첫애는 노상 감기를 달고 살았다. 얼굴은 불덩어리가 되고 밤늦도록 콜록거려 가엾어서 차마 눈뜨고 볼 수가 없었다. 어른들이라야 서로 부둥켜 앉고 참아낸다지만 갓난애에게는 말 못할 시련이다. 핏덩어리가 세상에 나와 맞는 첫해 겨울은 너무나 혹독하였다. 기나긴 겨울을 어찌 난단 말인가. 한숨이 절로 나왔다. 아내와 나는 이런 저런 고민 끝에 살림살이로 비좁은 방안에 연탄난로를 들여놓기로 했다. 당시 석유난로가 시장에 나왔지만 살 형편은 못 되었고, 연탄가스의 화 때문에 불안하기도 했지만 다른 방도가 없었다. 난로를 놓아야 한다고 작정을 하니 마음이 놓였지만 우리들은 또 하나의 난관에 부딪쳐야만 했다. 주인의 인상으로 봐서는 벽에 구멍을 뚫는 대공사를 절대 허락해줄리 만무했다. 어린 애가 감기를 달고 사는 게 딱해 주인에게 사정을 해볼까 생각했지만 바늘로 찔러도 피 한 방울 나오지 않을 사람이기에 주인의 허락을 얻는 것은 만만치 않아 보였다. 그렇다고 냉방에서 한숨 지며 겨울을 날 수는 없었다. 나중 일이야 어찌되던 간에 주인이 집을 비운 사이에 공사를 강행하기로 했다. 난로를 설치하는 동안에도 안주인의 얼굴이 바윗덩어리같이 다가왔고, 마음을 졸이며 공사를 하고 난 뒤에도 얼마나 혼이 났던지, 지금도 아내는 그 겨울을 이야기하곤 한다.

그때 그렇게 연탄난로로 서러운 겨울을 났던 큰애가 어느새 자라 초등학교 3학년이 되었을 때의 일이다. 그런 고마움을 아는지 우리 내외의 가슴에 연탄난로보다 더 따뜻한 감동을 준 일화가 있다. 그날은 날씨가 몹시 추워 가죽잠바를 입혀 학원을 보냈었는데, 집으로 들어서는 애의 손엔 붕어빵이 들려 있었다.

"엄마! 식지 않았어?"

세상에! 젖먹이 어린애가 엄마 주려고 사왔단다. 그 어린 가슴에 무엇이 들었기에 예쁜 짓을 할까. 붕어빵을 사온 것만도 눈물나게 고마운 일인데 식을까 봐 가죽잠바 속에 넣고 뛰어왔다니. 우리 내외는 심장이 얼어붙는 행복감에 한동안 젖어 있어야 했다.

IMF 시절엔 연탄난로에 돼지고기를 구워주던 식당이 떼돈을 벌었다. 당시 연탄난로로 사람들이 다가갔던 것은 배고픈 시절의 추억을 건져 올려보려 했던 것이다. 허름한 작업복을 입은 사람과 화이트칼라가 만나더라도 어색하지 않았고, 연탄 화덕에 젓가락장단이 올려지면 같이 어깨를 들썩거리며 흥을 돋웠다. 술잔 부딪치는 소리 요란해도 뭐라는 사람 없었다. 아니, 누구나 낭만으로 받아들였다. 난롯가에 둘러앉아 어묵 국물로 추위를 녹여내고 도란도란 얘기꽃을 피우며 긴긴 겨울밤을 나는데도 연탄 한 장이면 충분하였다. 추억을 더듬어 내는 더듬이 역할을 하고 싸늘했던 가슴을 녹여주는 촉매제 역할을 했던 주인공 아니던가.

초겨울 거리에서 불어오는 바람이 더 차갑게 다가온다. 식당에서 나올 때 연탄난로를 떠날 줄 모르는 친구들의 얼굴이 교차돼 간다. 큰애가 헐 레벌떡 뛰어와 벨을 누르며 건넸던 '눈물 젖은 붕어빵'이 갑자기 먹고 싶어진다.

제비

어릴 적에는 사랑채 대문간에 모여앉아 날아드는 제비를 바라보며 무더운 여름을 이겨내곤 했다. 우리 생활 속에 너무나 가까이 와 있던 제비. 제비가 날아들면 먼데서 오는 손님을 대하듯 반가웠다. 집을 많이 지어야 복이 온다고 배척하지 않았다. 날아들어 오물을 뿌려대도 제비집 밑에 송판이나 골판지를 받쳐주며 흐뭇해했다. 간혹 무질서함과 어질러짐이 싫어 바지랑대로 집을 떼어내거나 쫓아내는 이도 있었지만, 어느 집이건 제비와 같이 한여름을 났다. 제비가 일찍 찾아오면 그해 농사는 풍년이 들고 집을 짓고 새끼 치는 것을 보기만 해도 귀인의 도움을 받아 사업이 번창한다고 믿었다. 또한, 제비가 낮게 날면 비가 오고 높게 날아오르면 태풍이 밀려올 것을 알고 일기에도 슬기롭게 대처해 갔다. 이렇게 사람들의 생활에 밀접해 있으니 방송 일기예보시에도 제비 얘기를 빼놓지 않았는데, 지금은 전설 속의 얘기로만 남아 있다.

보고 싶어도 볼 수 없어 희귀조稀貴鳥로 변해버린 제비! 물질문명의 발달과 각종 공해로 제비의 이름조차 기억에서 멀어져갔다. 자연은 훼손돼가고 현대인의 편리한 입맛에 맞게 양옥洋屋을 지어 생활하다 보니 제비들이 돌아올 수 없는 땅으로 변해 버렸다. 하늘은 찌들어 눈을 제대로 뜰 수 없을 정도로 숨이 막혀오는 땅. 오고 싶은 마음 간절해도 가시철망이 단단히 쳐진 답답한 땅. 농사를 지을 때에도 인공비료에만 의존하고 농약 사용량을 늘려가니 토양은 척박해지고 마실 물까지 여의치 않으니 강남 갔던 제비가 어떻게 돌아오겠는가. 내가 어린 시절을 보냈던 시골집 사랑채의 보꾹 서까래나 대들보에도 아직까지 제비집이 6개가 남아 있기는 하지만 체온을 느낄 만한 깃털 하나 찾을 수 없으니. 정말 그들은 영영 돌아오지 않는 건가.

의풍분교로 향하는 길은 말 그대로 험난했다. 오르고 올라도 끝이 보이지 않았다. 굽이굽이 넘어 오르니 높은 소백산 준령이 한눈에 내려다보였다. 지난겨울에도 한 번 들렀는데 그때에도 애를 먹었었다. 길 가는 사람이 있나, 차량이 오고 가나. 한마디로 적막강산이었다. 영춘초등학교 의풍분교는 벽지 중에서도 벽지. 그것도 가장 오지인 '가' 지역이다. 본교도 단양 읍내에서 24㎞ 정도 멀리 떨어져 있다. 차편도 마땅치 않아 오려면 엄두도 안 나는 곳이다. 그런데 분교는 거기에서도 또 20㎞를 더 가야 하니 어디 접근조차 쉽겠는가. 한 번 오가면 하루해가 저문다.

험난한 여정 끝에 마을로 들어서니 적적함이 먼저 다가왔다. 인근 영월 김삿갓계곡은 물놀이를 하느라고 정신없이 들락거리는데 여기는 딴 세상이다. 초라하고 초췌한 것뿐이다. 적막감이 온 동네를 휘감는다. 발길이 뜸한 운동장은 잡초만 무성하다. 집채만 한 향나무가 화단에 어우러지고 아름드리 벚나무가 울타리에서 잔뜩 폼을 내도 어루만져 주는 이 없다. 찾지 않으니 무슨 소용 있으랴. '산천은 의구하되 인걸은 간데없네' 라는 길재선생의 읊조림만이 흐른다. 옛 명성은 가고 없다. 전교생은 고작 6명뿐이다. 학생 구성을 살펴보면 더 눈물이 난다. 어린이 둘은 교사가 부임하면서 데려왔고, 둘은 학교관리를 하는 직원의 자식이다. 또 하나도 물 좋고 경치 좋아 외처에서 식당이라도 하겠다며 찾아온 주인의 자식이다. 그러니 그 동네의 순수 토박이는 단 한 명인 셈이다.

학교에 오기 전 분교 학생들에게 과자라도 한 봉지 사 갈까 하여 들렀던 가게에서 본 제비가 눈에 선하다. 새끼 제비들은 벌레를 먼저 받아먹으려고 앞다퉈 노랑주둥이를 내밀고 제비 부부는 교대로 먹이를 물고 와선 어느 한쪽에 치우치지 않고 골고루 먹이를 물려주었다. 제비를 처음 본 순간 제비가 아닌 줄 알았다. 너무 오랜만에 봐 그저 시골 마을에 떠다니는 흔한 새일 거라고 여겼다. 하지만 제비라고 확신하는 순간 그 모습에 넋을 잃고 말았다. 하늘을 빠른 동작으로 배회하고 나무와 전깃줄 사이를 오가며 솟구쳐 오르는 모습은 나를 어린 시절로 돌아가게 했다. 경이롭다 못해 신비스러워 주변에 소리치지도 못했다. 그저 가슴에 새기고 눈에 넣어 내가 머무는 세상으로 가져가고 싶은 마음뿐이었다.

버찌를 하나 따 입에 넣었다. 포도즙처럼 향기가 싸하게 번진다. 벚나무는 운동장이 꽉 차도록 무성해졌는데 여기에서 둥지를 틀었던 제비들은 어디에서 무엇을 하나. 제비들도 고향을 찾아와 노니는데 무엇에 맘 두고 사는지. 새끼 제비들이 먹이를 다투는 모습을 보고 싶지 않은가. 산수공부를 하느라고 손가락을 꼼지락거리고 '올챙이' 노래를 부르며 율동을 하는 노랑제비들도 있다. 보고 싶다. 보고 싶다. 그들이 뛰노는 운동장을. 희망이 움트는 교실을. 새싹의 노래를. 아무리 도시 생활이 편리하고 그것에 익숙해졌더라도 추억이 묻어나는 아련한 책가방을 옆에다 밀쳐놓지 말자. 가끔가다 꺼내놓고 보듬어 보자꾸나. 새끼 제비들이 여름 내내 먹이를 쪼는 먼지 풀풀 날리는 고향의 고샅길로 달려가자꾸나.

고향 언덕 뻐꾸기가 울고 간 자리를 대신하며 내게 꿈과 희망을 안겨주던 제비를 가는 길에 한 번 더 보고 가야겠다.

꿈꾸지 못하는 아이들

식구래야 애들 둘하고 우리 내외가 고작이건만 서로 얼굴을 자주 보지 못하고 산다. 애들은 새벽같이 내달아 밤늦은 시간이 되어서야 돌아오고 나나 아내도 생활이 바쁘고 고단하다는 핑계로 얼굴을 감추며 산다. 한 지붕 아래 살면서도 일체감을 느낄 수 있는 체험을 공유하지도 못하고 덤벙덤벙 그 날이 그날이다.

어쩌면 생의 울타리에서 벗어난다는 그 자체가 부담인지도 모른다. 벼르고 별러야 마음 터놓는 얘기를 하고 하다못해 집안 돌아가는 얘기도 며칠이 지난 뒤에야 전해 듣는다. 물가를 찾아 어항을 놓고 튜브를 밀어주며 더위를 잊었던 것도 몇 년 전의 일이다. 아파트 주변을 같이 걸어 본 게, 운동을 좋아하는 애하고 운동장에 나가본 기억은? 파릇파릇한 새싹이 돋아나고 녹음방초가 우거져도 남의 나라 잔치요, 곡식이 자라는 논둑을 걸으며 자연에 대한 고마움을 노래한다는 것은 소설책에서나 가능한 일이 되어 버렸다. 어디 이래가지고 사람 산다 하겠는

가. 한집에서 같이 산다고 말하기조차 부끄러운 요즈음이다.

집에 수험생이 있으면 어느 집이나 부모도 덩달아 수험생이다. 아침 6시가 조금 넘어 집을 나가 밤 12시가 넘어서야 되돌아오는 애들에게 일상생활의 계획을 맞춰야 한다. 애들의 시간표에 맞춰 애들 움직이는 대로 움직여가야 한다. 틈틈이 간식을 챙겨줘야 하고 조는 징후라도 보이면 갖은 수단을 동원해 아이의 졸음도 쫓아줘야 한다. 아무리 졸려도 먼저 잘 수도 없거니와 일어날 때도 수험생보다 먼저 일어나야 한다. 꾸벅 꾸벅 앉아 졸 때 가차 없이 깨워달라는 말에 '깨워야 할지, 말아야 할지' 마음이 탈 때가 한두 번이 아니다. 공부할 때 TV를 보는 것은 엄두도 못내는 일이거니와 바스락거리는 소리 때문에 신문을 제대로 볼 수가 없다. 긴한 얘기라도 나눌라치면 외진 방으로 옮겨가 소곤거려야 한다. 이러다간 숨도 제대로 쉬지 못하는 게 아닌가. 어찌됐든 애가 공부하는 시간은 온 집안이 절간처럼 조용해 낙엽 구르는 소리까지 들린다. 애들이야 어차피 가야 하는 길이라 치지만 부모들은 무슨 업보인가. 이런 고충을 겪어야 하는가. 온 가족을 옴짝달싹 못하도록 붙들어 매는 교육의 현실이 답답할 뿐이다.

엎친 데 덮쳐 요즘은 큰애한테서도 수험생 징후군이 나타나고 있다. 며칠 전에는 목에 가시가 걸린 듯 답답해하고 침을 삼킬 때에는 개운치 않다고 짜증을 냈다. 머리가 천근만근이 되어 들 수 없다 하고 피로가 누적되어 항상 눈두덩이 무겁다 법석을 떤다. 걱정이 되어 의사의 소견을 들어보았지만 공부 때문에 오는 일종의 신경성 스트레스지 아무 이상이 없다 한다. 서로 원하지 않는 시간 속에서 꺼져 가는 불씨를 바라본다. 아직도 1년여의 세월을 더 견뎌내야 하는데 매일매일 반복되는 스트레스를 어떻게 할지. 젊음을 쓸데없는 일에 낭비하는 것 같다. 그저 아무 탈 없이 굴절된 터널을 빠져 나왔으면 하는 마음뿐이다.

내가 학교를 다닐 때에는 평균 80점만 넘어도 공부 잘한다는 소리를 들었다. 90점 넘는 아이가 반에서 하나나 둘. 중학교 시절이나 고등학교 때에도 마찬가지였다. 그런데 지금은 80점 정도의 수준이라면 반에서도 하위권으로 명함조차 내밀지 못한다. 달력이 넘어가는 줄도 모르며 밤을 낮삼아 공부를 하면서도 성적이 원하는 것만큼 나오지 않으면 고개를 들지 못한다. 90점이 넘어도 펑펑 울어대는 애들이 있을 지경이다. 도대체 공부의 끝은 어디란 말인가. 어느 정도 성적이 나와야 연필을 놓으려는지.

여기까지 오게 된 데는 부모들이나 어른들의 책임이 크다. 옷을 입어도 명품을 고집하고 머리를 물들일 때에도 드라마 주인공의 모습이다. 돈이 없는데도 있는 척, 배우지 못해도 배운 척한다. 눈이 높아져도 너무나 높아져 버렸다. 하여튼 일류만 고집하다 보니 대학도 일류 아니면 쳐다보지도 않거니와 의과대학 아니면 보내려 하지 않는다. 자신들의 배우지 못한 한을 자식을 통해 풀려고 산더미처럼 학습지를 부려 넣고 모자라는 시간까지 쪼개어 학원을 보내고 과외를 시킨다. 온 나라가 자식 출세시키려고 열광하고 있다. 정말 이러다간 대한민국에서 모든 노벨상을 휩쓸고 말지 모르겠다. 지구상의 모든 학생들이 구름같이 한국 땅으로 몰려들어 우수한(?) 인재들한테 과외를 받을 날도 멀지 않으리라 본다.

분명 이 시간 젊은이들이 가는 길은 바른 길이 아니다. 얼굴이 부스스하고 머리가 천근만근인 애들이 늦은 시간까지 책상 앞에서 어둠을 불사를 일은 더더욱 아니다. 운동을 좋아하면 운동장에서 한바탕 땀을 흘리고, 영화가 보고 싶으면 식구들과 동행하여 손수건에 눈물 콕콕

찍을 일이다. 녹음이 우거진 숲 속을 거닐고 싶으면 아빠 엄마 흔들어 깨울 애들이다. 달과 별을 보느라고 늦은 시간까지 잠을 못 이루고 문학의 열정에 빠져 방안의 불빛이 새 나가지 않도록 감쪽같이 커튼을 치는 애들도 여럿 나올 텐데.

아이들 주머니 속에 있는 무구한 꿈을 끄집어 내 마음껏 펼칠 수 있는 날은 언제나 오려는지.

가위바위보 게임

급식 시간이다. 직원이나 학생들 할 것 없이 급식실로 몰려든다. 종이 울린 지 얼마 되지 않은 시각임에도 줄이 무척이나 길다. 장이 서는 것보다도 더 왁자지껄하다. 다른 건 몰라도 점심시간만큼은 양보를 하지 않고 사생결단을 한다. 밥을 먹고 돌아서면 금방 배고파 못 견디는 아이들이다. 돌을 씹어도 아무 탈이 없을 나이인 아이들에겐 학교서 가장 즐거운 시간은 점심시간이다.

그런 그들의 욕구를 무시해가며 직원들은 아이들의 점심 줄에 끼어든다. 관례상(?) 어른들은 아이보다 위에 있다는 생각으로. 아이들도 윗사람에 대한 예우로 자리를 양보한다. 하지만 번번이 미안한 생각이 들었다. 질서 의식을 심어줘야 하는 어른들이 아이들을 잘못 가르치는 것 같아서.

그래서 무작정 끼어드는 것보다 미안한 마음을 덮으려 꾀를 냈다. '가위 바위 보' 게임을 해보자 했다. 내가 이기면 앞에 서고, 지면 뒤에 서는. 학생도 그러자 한다. 시합은 삼세번은 해야지 하니 그것도 동의한다. 첫 번째 대결, 가위를 냈지만 졌다. 그냥 연거푸 지는 것도 그렇고 또 지면 체면이 말이 아니어서 조바심이 났다. 여하튼 두 번째는 주먹을 내어 1 : 1 무승부, 원점이다.

그런데 그 다음 승부가 문제였다. 아이가 지면 본전이고 내가 지면 창피다. 그러기에 질 수도 없는 일이다. 어떻게 해서라도 체면은 세워야 하지 않는가. 상대방도 그 짧은 순간에 주변의 책사를 끌어 모아 꾀를 내고 도움도 청할 것이다. 순간, 심리전으로 승부를 걸어야겠다는 생각이 뇌리를 스쳐갔다.

"가위 내 알았지?"

그 말을 듣자, 아이는 의아해 한다. 왜 그런 주문을 하는가 하고. 곤혹스럽기도 하고 고민스러운가 보다. 옆에 있는 아이들도 수를 내느라고 야단들이다.

"거꾸로 보를 내. 아니야, 주먹을 내."

책사들의 계략이 빛을 발한다. 아이의 눈썹이 꿈틀꿈틀한다.

"가위를 낼 거야."

'정말로 가위를 낼까. 그렇게 해놓고 보를 내지 않을까. 괜히 가위를 내라고 했나.' 아이의 말에 나도 흔들린다. 짧은 순간의 승부. 몇 초간의 침묵이 흐른 뒤면 모든 게 결정 난다. 갖은 생각으로 머리는 실타래처럼 엉킨다. 내가 먼저 내기를 걸었기에 아이가 져도 마음이 안 좋을 거고, 내가 지면 또한 부끄러운 일이다. 지금 이렇게 밥 생각으로 정신이 없는 아이를 이겨도 아무 소용없다. 그렇다. 아무런 이득도 없는 게임이다. 괜스레 승자를 가려 마음을 상하게 할 리도, 승부에 져 입맛이 없어지는 것도 막는 방법이리라.

결정의 시간이다. 더 이상의 선택은 없다. 어떻게 되든 간에 아이의 마음을 믿기로 했다. 마지막 승부. 그렇게 소란스럽던 아이들도 이 순간만큼은 입을 다물고 긴장한다. 아이는 어떤 생각을 할까? 승부에 질지도 모른다는 절박함, 아니면, 이겼을 때의 뒷일을 어떻게 감당할까 하는 혼란스러움. 긴박한 순간이 지나 서로 손을 뻗었다. 가위였다. 나 또한 가위를 냈다. 그랬다. 더 이상의 대결은 필요 없어졌다. 이 순간을 다행으로 여기며 무승부로 하자 했더니 아이도 눈빛으로 그 답을 대신했다. 이기고 짐이 없는 평온한 시간이 흘러간다.

아이는 진짜로 승부를 걸기 위해 가위를 냈던 것일까? 아니면, 내 생각대로 따라와 준 걸까? 어찌되었건 나는 아이의 순수한 생각을 받아들이기로 했다. 아이의 해맑은 눈동자를 그대로 믿기로 했다. 아무 가식도 없고 너무나 대견스러운 모습. 아이의 웃는 얼굴이 싱그럽다. 팔랑이는 나뭇잎이다. 봄 하늘에 하늘하늘거리는 치맛자락이다.

오늘 점심은 그 어느 때보다도 맛이 있다. 밥을 먹으면서 당분간 난 '가위 바위 보' 게임을 하지 않기로 했다.

봄볕을 먹고 사는 아이들

평상 시 같으면 학교가 텅 빈 시간이었거늘 오늘따라 장꾼들이 몰려드는 시장바닥 같다. 볼일이 남아 있는 것도 아닌데 아이들은 쉽게 책가방을 둘러매지 못하고 봄바람 따라 이리저리 휘날린다. 고무동력기나 글라이더를 날리고 나무 그늘을 찾아 재잘재잘 봄볕을 즐긴다. 봄바람의 심술에도 전혀 아랑곳하지 않고 그들만의 세계를 그려낸다. 몇간은 한껏 물이 올라 벌어진 목련나무의 순을 어루만지며 꼼지락거리는 새 생명을 마음에 담는다.

운동장을 누비는 아이들의 얼굴도 봄볕을 받아 홍조를 띤다. 갓 피어난 진달래의 수줍음이다. 축구를 하는 아이들은 보아하니 1학년 새내기들이다. 공이 흐르는 대로 우르르 몰려왔다가 밀려난다. 힘껏 차봐야 몇 미터 보내지 못하고 헛발질이다. 먼지만 가득 쏟아낸다. 부지런히 몸을 움직여보지만 그 흐름은 마치 거친 파도에 휩쓸리는 조각배마냥 위태위태하다. 그래도 동심원엔 한바탕 웃음이 메아리친다. 그런 이파리들이 올봄 찬란한 태양의 빛을 쪼이고 나면 작년 11월 운동장가에 심어놓은 느티나무가 뿌리를 내리듯 제자리를 잡아갈 것이다. 느티나무가 물이 오르고 새순이 돋아 그늘을 만들 준비를 하듯이 그들만의 세상을 그려내고 희망의 꽃을 피워 낼 것이다.

2학년 때 말썽을 부렸던 '상기'라는 아이도 축구를 하는 후배들을 위해 자진해서 심판을 봐준다며 현관 마룻바닥에 주저앉아 축구화 끈을 졸라맨다. 개구멍으로 등교를 하지 않나, 여학생 화장실 바닥에 오줌을 뿌리질 않나, 학교도 몇 번인가 빼먹는가 하면 갖은 말썽으로 교실 복도에서 여러 차례 벌을 받았던 아이였는데 어찌된 일인지 이렇게 의젓해졌다. 요즘엔 방송반 활동도 열심히 하고 학생스러운 모습을 자주 보여주니 대견스럽다. 이렇게 봄은 남들 모르게 보이지 않는 성숙이 자리하나 보다.

그 모습을 뒤로하고 괭이를 든 농부가 모자를 눌러쓴 채 운동장을 거슬러간다. 그 동안 얼어붙었던 땅에 희망의 씨앗을 뿌리려나 보다. 며칠 전 봄바람이 꼬드겨 호수 가를 거닐 때 땅속에서 깊은 잠을 자던 마늘 순이 고개를 내미는 걸 보았는데 아마 그 밭주인일 게다. 가뭄이 들면 마늘 농사 그르치는데 간간이 비도 내리고 햇볕도 골고루 뿌려주었으면 하는 마음이다.

아이들 노는 모습을 바라보는 것만으로는 성이 차지 않았다. 봄날엔 누구에게나 차별 않고 환한 빛을 뿌려준다니 봄볕이 쏠리는 대로 몸을 맡겨본다. 처녀의 스커트자락을 휩싸고 도는 봄바람에 심장까지 떨려온다. 아이들이 내일의 두려움을 경계하지 않고 꿈속에 젖어가듯 오늘만큼은 그들의 마음을 닮아야겠다. 운동장을 휘돌아 대청호가 있는 물가로 발길을 돌렸다. 여기저기서 봄기운이 움찔움찔한다. 두껍게 덮인 솔잎을 제치고 뾰족이 얼굴을 내미는 풀잎들, 새록새록 숨을 쉬며 솟아나는 생명에선 풋풋함과 싱그러움이 넘쳐난다. 울타리를 비켜 앉은 산수유나무도 지난겨울의 장막을 걷어내고 노랗게 빛을 발하며 계절을 달군다. 하늘에 떠도는 구름은 여유가 있는데 그 여유까지 뺏으려는 듯 멥새 떼가 푸드득거리며 나무를 넘나든다. 꽃을 먼저 피우고 나중에 잎을 내보이는 봄. 사람들의 마음이 급하니 먼저 꽃이라도 보라는 걸까. 메말라 가는 가슴 살짝 적시어 주면 거친 사람의 숨결도 부드러워지니 겨우 내내 얼어붙어 있던 마음을 우선 녹이라고 흥정을 하는 건가.

아쉬운 게 있다면 업무를 알리고 갖가지 소식을 전하는 게시판이 봄바람을 견뎌내지 못하고 부고訃告장으로 가득 차 있다. 의학기술이 발달하고 건강에 그리 관심을 보여도 갈 사람은 정해져 있는 듯하다. 특히 봄이 오는 길목이거나 가을로 접어들 때엔 노인 분들이 곤혹을 더 치르는데 질긴 목숨이든 아쉬운 삶을 살았던 간에 인연의 끈을 놓아야 한다. 이렇게 좋은 봄날에 겨울의 차가움을 이겨내고 꽃들은 피어나는데 그 아름다움을 보지 못한다. 봄꽃에 눈 돌리지 못하고 그들도 꽃이 되고 만다. 계절에 적응하지 못함은 그만큼 세월의 얼룩이 진해서일까. 아무튼, 자기의 의지와는 상관없이 세상과 결별을 하는 것을 보면 슬퍼진다.

퇴근 길, 무심천 하상 도로로 들어서니 봄의 훈풍으로 그려내는 풍경에 저절로 몸이 빠져 든다. 조깅을 하거나 자전거를 즐긴다. 어린애의 손을 잡고 뿌듯한 웃음 지으며 거닌다. 어색한 표정으로 사랑을 만들어 가는 연인들도 있다. 나물을 캐려는지 곳곳에 쭈그려 앉아 열심히 호미를 놀리고 있는 아낙네들의 모습에서 고향이 느껴진다. 학교에서 돌아오는 길에 졸졸 흐르는 냇물에 손을 담그며 입시의 중압감에서 잠시 벗어나는 아이들의 손에는 희망이 있다. 모두 거칠고 메말랐던 공간에서 빠져 나오려는 움직임이다. 미래를 위한 에너지가 용솟음친다. 성숙해 가기 위한 발걸음이다.

내가 느림보 운행을 하는 이유를 모르고 뒤따라오는 차량들은 속도를 내라고 빵빵거린다.

(2005.『詩와 수필마당』가을 창간호)

그 시절 그 노래

대전 엑스포공원으로 가는 버스 안의 공기가 무겁다. 밤새도록 잠 설쳤던 애들을 생각해서라도 비가 수그러들어야 하는데, 요새는 일기 예보가 너무나 잘 맞아 얄궂다. 전시관을 돌아보고 점심을 먹고 나서야 빗줄기가 가늘어진다. 날이 든다는 징조다. 아이들도 힘이 난다. 애들과 선생님들이 휩쓸려 놀이기구를 타는 곳으로 이리 저리 흩어진다. 전시관을 돌아볼 때의 눈빛이 아니다. 질척거리는 비 때문에 짜증을 내던 표정은 사라졌다. 잰걸음이다. 애들은 하늘비행기, 물보트, 레일 기차 같은 궤도 주행기구보다는 공포 체험의 극치인 범퍼카, 바이킹, 롤러코스터에 눈이 간다. 나이 먹은 사람들은 슬슬 꽁무니를 빼는데 비해 아이들은 겁 모르고 대든다. 여학생들도 오늘만큼은 얌전을 빼지 않았다.

오늘의 비행이 풋내기 때처럼 순조로우리라 마음 먹어보지만 그 떨림은 커져만 간다. 처음 놀이기구를 탄 건 30년 이상의 세월이 훌쩍 지난 중학교 시절이다. 그때는 엑스포 공원의 탱글탱글한 아이들마냥 두려움을 몰랐지만 지금은 나이가 두렵다. 군대생활 할 때 외줄타기나 고공점프 훈련 시 고공공포증이 없다는 것을 확인은 하였지만 그런 훈련도 너무 오래 전의 일이다. 그럼에도 사내로서의 우쭐함과 뽐냄이 아직도 가슴에 남아 있는 걸까. 공포감에 전율했었는데도 당시의 스릴을 잊지 못해서인가.

여하튼 애들도 옆에 있으니 겁먹은 표정을 지을 수 없다. 불안하고 마음 졸이지만 태연하게 표정 관리를 하여야 한다. 물놀이 보트에 올라 몸을 풀고 나서 예전의 기억을 떠올려 롤러코스터 대열로 향했다. 대부분이 학생들이고 젊은 몇 간의 선생이 동행을 했다. 겁을 먹고 공포감에 지친 사람들은 이미 다른 곳으로 피신한 뒤였다. 그 대열에 홀로 낀 40대 중반인 여선생을 옆자리에 앉혔다. 겁을 먹고선 타지 않으려고 몸을 뺀 것도 여러 번이지만 이렇게 맘먹은 걸 보면 그녀도 청춘의 피는 대단했었나 보다.

장비의 안전 점검이 끝나고 출발 신호가 온다. 뭐든지 처음의 공포감이 대단하다기에 단단히 맘을 다잡는다. 레일 위로 열차가 서서히 미끄러져 내려갔다. 그러다 서서히 고공으로 올라선다. 속도가 너무나 느려 감질이 났다. 그것은 느림에서 시작하여 높은 곳에 오르게 함으로써 공포감을 극대화시키기 위함이다. 정점까지 오른 뒤에는 한참 동안이나 움직임 없이 머물러 있다. 긴장감이 극에 달한다. 그러더니 잠시 후 서서히 미끄러져 내린다. 속도를 내기 시작했다. 빠르다. 성난 황소처럼 거침이 없다. 시야에 흐르는 것은 모두 죽음이다. 나무와 풀도 죽어 있다. 주변의 시설물마저 그 느낌에 휩싸인다. 열차가 움직이는 대로 내 몸 솟구친다. 내리꽂히면 같이 꽂힌다. 그러기를 몇 번, 정신이 혼미하다. 잠시의 여유와 평온도 없다. 그렇게 혼을 빼놓고도 아직 양이 차지 않는지 갑작스레 360도 회전을 한다. 어둠에 잠긴 터널 속으로 몰아넣는다. 세차게 몰아치는 빗줄기다. 공포와 전율에 정신이 혼미해진다. 얼마나 손잡이를 세게 잡았던지 어깨까지 굳어간다. 주변 사람의 모습은커녕 내 몸 상태가 어떠한지도 상상할 수가 없다. 서서히 열차가 멈추었다. 폭풍 후의 고요다. 광풍과 천둥번개가 몰아치고 난 뒤다. 스며드는 햇볕마저 따사롭지 않게 느껴진다. 온몸의 떨림을 가셔낼 수가 없다. 땅에 내려선 순간, 지축이 흔들린다. 정신은 멍해지고 옆사람도 타인이다. 여선생 역시 미리 놔둔 가방도 챙기질 못하고 안내원의 말이 들리지 않는지 방향 감각이 없다.

음악에서도 강약이 있고 운동 경기에서도 휴식 시간이 있다. 호흡조정이 필요했다. 레일 기차에라도 올라야겠다. 공원 주변을 돌아본 뒤 대전 시내를 조망하고자 높은 궤도 사다리차에 올랐다. 시야가 트인다. 놀란 가슴도 어느 정도 진정된다. 놀이시설을 탈 수 있는 기회가 남아 있지만 무서운 전율은 가셔지지 않았다. 몸은 이미 휴식에 들어간 뒤다. 잔뜩 몸을 움츠리고 겨울잠을 재촉하는 곰처럼 휴게실로 찾아들었다. 내 몸은 동면에 들고 있는데 아이들 눈은 초롱초롱하다. 놀이기구에 대한 아쉬움에 목젖이 떨고 있다. 남아있는 자유이용권을 아이들에게 주려 하자, 2학년 여학생 성원이가 순식간에 달려와 팔을 잡아끈다. 같이 타자한다. 친구와 어울려 놀라 하니까, 같이 한번 바이킹을 타보지 않겠냐고 애교를 떤다. 도전이다. 하늘 비행기는 시시해서 타지 않겠다며 핑계 아닌 핑계를 댄다. 바이킹이 너무 재미있어서 한 번 더 타 보았으면 했는데 잘 됐다 하며.

동면에 들려던 난 게슴츠레한 눈을 비비고 소 장터에 마지못해 끌려

가는 신세가 된다. 그렇다고 뺄 수는 없다. 성원이는 한 술 더 떠 배 뒷머리가 스릴이 있다며 높이, 높이 올라간다. 간신히 빠져나온 동굴 속으로 다시 끌려들어가는 기분이다. 거미줄처럼 정신이 얽혀 있는데 기계가 가동을 한다. 70~80% 각도의 높이까지 솟아올랐다. 뱃머리가 하늘에 걸린 것 같다. 최고 높이의 정점에서 내리꽂을 때는 내장이 다 쏟아져 나올 것 같다. 공포감이 또다시 밀려왔다. 올라갈 때는 그나마 참아낼 수 있는데 내려올 때는 속이 메슥거려 도저히 참을 수 없다. 가슴을 잡아 뜯기는 것 같다. 호흡을 조절하려 해도, 내려오는 순간 숨을 조절하고 멈추는 방법도 써보았지만 처방전이 먹혀들지 않았다.

성원이는 신이 나서 소리를 지르는데, 겁먹은 소리가 저절로 나온다. 성원이는 두 팔을 들어올리며 춤을 추고 있는데, 나는 죽어라 하고 손잡이를 움켜쥔다.

어느 학교의 이색 졸업식

내동 춥던 날씨가 새싹들의 새로운 출발을 축하하려는 듯 온화하기만 하다. 어렸던 학우들이 굳건하게 자랐으니 교정을 떠나가는 축제의 마당에 따스한 입김을 불어넣으려는 배려다.

주변에는 대청호의 은빛 물결이 출렁이고 계절마다 갖가지 꽃을 피워낸다. 현대사를 재조명할 수 있는 청남대도 지척에 있어 사람들이 그곳을 가다가도 불쑥 찾아드는 그런 학교다. 갖가지 꽃과 풀빛이 어우러져 내 맘을 호수로 이끄는 아름다운 곳.

졸업식이 거행되는 강당 정면 벽에 플래카드부터 이채롭다. 개나리빛이 나는 노랑색 바탕에 꽃으로 양쪽을 장식한 플래카드에는 "졸업과 새 출발을 축하합니다!"라고 쓰여 있다. 대부분 '축, 졸업'이나 '졸업을 축하합니다.'라고 써서 걸어놓는 것에 비해 그 의미부터 색다르다. 졸업은 멈춤이 아니라 새로운 출발이라고. 새로운 학문의 도전이라고.

축사나 동창회장의 격려문이 있은 후 졸업장을 전달한다. 그 진행도 형식이나 틀에 얽매이지 않는다. 졸업생 개개인을 연단으로 불러내 개개인에게 일일이 졸업장을 수여한다. 마음의 메시지를 전달하고 힘찬 새 출발을 하라고 어깨를 토닥거려 주면서.

그때 연단 천장 위에 설치된 스크린에는 졸업생의 사진이나 모습이 비쳐진다. 사진 윗부분에는 자기 자신을 소개하는 문구가 익살스럽게 표현되어 있고 하단에는 장래의 꿈을 적어 놓았다. 스크린에 졸업생의 얼굴이 비칠 때에는 환호성을 지른다. 익살스러운 표정이나 자신만의 인상적인 캐릭터를 위해 애쓴 모습이 웃음을 자아내게 만들었다. 졸업생은 자신의 모습이 비치면 겸연쩍어하고 부끄러워 어쩔 줄 몰라 했다.

여학생들의 꿈은 선생님이나 스튜어디스, 꽃가게나 제과점 운영이 많은 편이다. 남학생들은 군인이나 경찰관, 컴퓨터 프로그래머가 되고자 한다. 나라가 어지럽고 시절이 어두워 그런지 대통령도 한번 해보겠단다.

교장선생님이 학생의 손에 졸업장을 쥐어주면 연단에 미리 나와 있던 졸업반 담임은 스크린에 비친 학생을 장래의 꿈과 장기를 곁들여 짤막하게 소개한다. 평소에 학생을 지도하면서 당부하고 싶은 말과 상급학교에 진학하더라도 참된 일꾼이 되라는 격려도 함께.

도심에 위치한 학교는 엄두도 못 낼 일이다. 물론, 면 소재지에 위치하고 있어 학생수가 적어 가능한 일이겠지만 그것도 쉬운 일은 절대 아니다. 내가 학교를 졸업한, 70년대와 비교하면 소설 속의 나라 같고 환상의 이국 땅 같다. 엄숙함보다는 자유스러움, 따분하고 지루함보다는 이벤트성에 가까운 축제. 힘차고 밝은 교정의 에너지가 느껴지는 졸업식의 현장이다.

졸업식 노래가 울려 퍼질 때엔 나도 모르게 코끝이 찡해지고 가슴속에선 뜨거운 그 무엇이 올라오고 있었다.

(2005. 02. 22. 중부매일)

애들은 파도를 닮아간다

밀물은 높은 파도와 함께 철썩철썩 소리를 낸다. 거칠게 다가왔다. 그 용솟음은 높기도 하거니와 장엄하다. 진군 나팔소리는 웅장한 바다를 단숨에 삼켜버린다. 내 몸마저 기우뚱거렸다. 육중한 파도가 장딴지를 스치고 지나갈 때에는 가슴팍까지 물방울이 튀어 올랐다. 그러다가 밀려난다. 성난 파도는 온데간데없고 바다는 말이 없다. 조용한 바다, 태풍이 지나간다. 그러다간 또 밀려든다. 포말로 부서져가며 나까지 삼키려 대든다.

자식들은 커 가면 커갈수록 하나부터 열까지 엄마 손이 안 가는 게 없고 엄마 도움이 없으면 아무 일도 해내지 못한다. 나가 놀면서도 엄마 생각이 나는지 몇 번이건 달려와 얼굴을 보고 나서야 직성이 풀린다. 친구들한테 '우리 엄마가 최고야.' 자랑을 늘어놓는다. 이렇듯 아이들은 지나치리만큼 맹목적인 사랑을 요구하고 있다. 부모가 없으면 어찌 살아갈까 걱정이다. 말하면 뭐할까, 고등학교 막내딸아이는 지금까지도 엄마 앞에서 코흘리개 짓을 한다.

그렇다고 애들이 응석만 부리고 트집만 잡는 건 아니다. 얼마나 살뜰한 정이 있는지 깜짝깜짝 놀랄 때가 한두 번이 아니다. 어린 나이에도 생각도 깊다. 한번은 이런 일도 있었다. 그러니까 큰애가 초등학교 3학년 시절, 당시 태권도 학원을 다니다 그게 맞지 않아 바둑학원을 보냈을 때의 일이다. 몹시 추운 겨울이었다. 가죽잠바를 입혀 보내야 했다. 아이가 학원에서 돌아와 초인종을 누르는데 헐레벌떡하며 숨을 몰아쉰다. 무슨 큰일이라도 난 것처럼. 아내는 누구한테 맞고 온 건 아닌가 하여 불안한 마음에 다그치기까지 했다. 그런데 아이의 대답은 뜻밖이었다. 포장마차에서 엄마 드리려고 붕어빵을 사왔는데 식을까 하여 단숨에 달려왔다 한다. 그것도 봉지에 넣은 붕어빵이 식을까 하여 가죽잠바 속에 넣어서. 결혼기념일엔 용돈을 모아서 케이크와 샴페인을 내놓기도 했다. 아내가 아파 자리에 누우면 고사리손으로 누룽지까지 끓여 내고 내 출근 준비까지 도운 적도 있다. 큰애는 아르바이트를 할 때 생일 기념으로 아내에겐 가방을, 내 것으로는 운동화를 산다고 하며 먼저 사진을 찍어 인터넷으로 보내기도 했다.

그랬던 애들이, 엄마 아빠 없으면 못살겠다는 애들이 벌써부터 부모 곁을 떠나려 한다. 밀물이 썰물로 변할 때처럼 그렇게 소리 소문도 없이 멀어지려 한다. 자식을 키울 때에도 바닷물의 이치와 다를 게 없다. 어릴 때는 밀물처럼 다가오지만 커가면서 썰물처럼 멀어진다. 부모 가슴에 파도처럼 안기다가 부모 등에 물거품만 남겨 놓고 떠나간다. 나약한 모습을 보이던 때가 언제인데 파도를 즐기려 하고 험난한 세상이 와도 전혀 두려울 게 없다는 듯 거칠게 저항까지 한다. 항상 부모 곁에 있어 줄 것만 같았는데 어느새 저렇게 커서 품을 벗어나려 한다. 세월이 야속한 건가.

이번 방학에도 그 동안 쌓였던 스트레스라도 풀어주려고 해수욕장을 가자했더니 '일없다' 며 거절을 했다. 어렵사리 콘도까지 구해 놓았는데 안 간다고 둘 다 손을 내저으니 한편으로는 서운한 마음이 들었다. 올여름 불볕더위가 기승을 부리고 밤마다 열대야 현상으로 잠을 그르치기에 공부 능률이 오르지 않을 것 같아 제안을 한 건데. 어디 이번뿐이던가. 주말 시간이 날 때마다 산을 같이 가자고 해도, 운동을 같이하러 나가자 해도, 맛있는 음식을 사 준다 해도 친구와의 약속이 먼저다. 시골에 계신 할머니 할아버지 뵈러 가자는 데도 핑계를 댄다. 그들만의 세계를 무시하는 건 아니지만 아이들은 떡고물이라도 떨어지는 게 있어야 마지못해 동참을 한다. 우리 애들만 그런 건 아니다. 얼마 전 운동장에서 모녀지간의 대화에서도 확인할 수 있었다. 엄마가 그렇게 꼬여도 "친구들하고 가면 갔지, 엄마하고는 안 간다." 한다. 정말로 뉘 집 자식이건 간에 부모의 배려까지 아랑곳하지 않는다. 어쩌면 그렇게 똑같은 생각을 하고들 있는지. 어떤 세상이 좋은지 모르겠다.

파도가 밀려온다. 철퍼덕 철퍼덕. 물결 칠 때마다 까르르 웃음 짓는 유치원 아이들이 있다. 병아리들은 눈앞에 펼쳐진 거친 파도를 그대로 받아들인다. 너울너울 춤추며 파도를 즐긴다. 바닷물이 출렁거릴 때마다 얼굴이 반추된다. 애들 부모는 어르고 달래고 사진을 찍어 주느라고 여념이 없다.

얼마 지나지 않아 파도가 밀려날 텐데, 애들 부모들은 밀려날 때의 허전함을 알고 있을까?

꽃은 꺾여져도 피는데

그 아이는 늦둥이다. IMF 이전에 다들 먹고 살 만하던 때 나이 먹으면 심심하다고 해서 자식 하나씩 더 낳자는 게 한때는 유행이었는데 그때 걸려든 자식이다. 위로는 누이가 둘 있다. 그러니 얼마나 귀엽게 컸겠는가. 무릎에서 치마폭에서. 아파트 같은 통로에 살다 보니 출근길이나 음식점에서도 자주 마주치는데 오늘따라 가방을 휘휘 내돌리며 생떼를 쓴다. 아이 아빠가 모처럼 출장을 가는 바람에 차를 태워 주지 않은 게 이유라면 이유이다.

이 아이만 그러겠는가. 식당에서 손님이 없기로서니 운동장처럼 뛰어다니고 음식이 올라갈 상에도 턱 하니 드러눕는다. 어른들은 그저 귀엽다나. 하긴 서울로 올라간 큰애는 두 달이 채 되지도 않았는데 금세 통이 커져 10만 원이 넘는 옷을 턱 사 입었다. 친구들하고 명동이니 남대문 시장으로 휘도는 걸 자랑한다. 신촌이나 청주나 다 사람 사는 동네인데 주머니 속 타는 줄 모르고 유명 브랜드를 찾고 명품을 줄줄 된다. 요즘은 자식을 많이 두지 않다 보니 뉘 집 자식이건 귀엽게 키워 그렇다. 손에서 놓질 않고 떠받들고 산다. 힘들고 어려운 것은 부모들 몫. 오죽하면 숙제를 대신해 주고 가방까지 들어다 주며 학교 가는 길이 그리 멀지 않은데 자가용으로 실어 나른다. 그런 과정 속에서 아이들은 온실 속에서 안주한다. 조금만 힘들어도 짜증을 내고 내키지 않는 일이 닥치면 서슴지 않고 'NO'를 외친다. 일부 극성 부모는 교수를 찾아가 우리 아이 잘 봐달라고 인사를 하고 나오고, 아이들의 문제인데도 데모를 대신하다가 창피를 당하고 나온 일도 있었다.

책보를 둘러매고 내친걸음으로 달리던 때가 생각난다. 잠자리가 너풀거리고 매미의 울음소리가 가득하던 신작로. 철 필통이 달각거려 귀에 거슬려도 포물선을 그리며 링으로 빨려 들어가는 골의 환상을 생각했다. 숨이 차 헐떡거리면서도 선수들의 멋진 폼을 눈에 그렸다. 지지직거리는 라디오 전파의 잡음을 걸러내며 꿈을 키워갔다. 매년 여름방학이 끝날 즘이면 학교 농장에 필요한 퇴비를 준비해 가고 가을 추수가 끝날 무렵이면 썰렁한 논바닥에서 벼 이삭을 비료포대나 자루에 채워야 했다. 난로에 넣을 고주박이나 솔방울을 줍는 것은 일도 아니었다. 잔디 씨를 훑고 징그러운 송충이까지 잡아야 했기에. 일요일이면 동네 마당을 돌아가면서 쓸고 눈깔사탕을 손에 쥐기 위해 과수원에서 아르바이트로 풀베기를 한 적도 있다.

새 생명이 꿈틀거리는 봄! 온 누리엔 희망의 샘물이 넘쳐난다. 야생식물도 벼랑 끝이나 황무지를 가리지 않고 종족 번식을 위한 씨를 뿌린다. 아이들만 계절에서 비켜나 있다. 어른들이 쳐놓은 커튼에 가리어. 대학생이 된 큰애가 며칠 전 윤중로에 놀러 갔다가 전화를 해왔는데 놀라지 않을 수 없었다. '벚꽃이 그렇게 아름다운 줄 몰랐어! 너무나 화사해.' 한다. 그동안 아이는 가슴속에 무엇을 품고 있었을까. 보풀 거리는 꽃송이를 감정이 없는 정물화처럼 봐온 거다. 꽃과 나비, 빗물의 울림, 노랗게 물드는 낙엽의 의미, 겨울눈의 속삭임마저 저편에 있는 바다였다. 가보고 싶었지만 멀게만 느껴지는 바다. 삶에 지쳐 보이지 않는 바다. 잡초도 거친 숨을 쉬며 자기의 영역을 넓혀 가는데 괜한 이유도 없이 꽃을 미워했다. 잎을 내기 전에 꽃을 먼저 피우는 건 세상의 고단함을 예견해 주는 것일 텐데 화려한 꽃만 보도록 강요당했다. 왕성한 씨를 뿌리길 기대하는 눈동자만 살피도록. 문 열면 딴세상인데도.

아이들에게는 어른들이 알지 못하는 꿈이 있다. 그들만의 자유와 정신을 녹이는 세계가 있다. 음악에 빠진 아이가 학교를 그만둔다고 하니까 '그래 어느 분야를 전공할 것이니?' 하고 놔주지는 못할지라도, 이 좋은 봄의 계절에 문고리라도 걸어 잠그지 않았으면. 한 발짝이라도 더 걷게 하는 대신 물집이 생긴 발을 보듬어 줬으면.

(2006. 5. 11. 충북일보)

빈 방

열려진 아이의 방을 들여다본다. 가셔내지 않은 그리움이 묻어난다. 서울로 공부하러 떠난 애가 금세 들어설 것만 같아 자꾸만 문가로 눈이 간다. 통로에서 발걸음 소리가 들려올 때마다 귀는 조용해진다.

차에 올라 곤한 눈을 감고 있겠지만 가지고 갈 그 무엇이라도 빼놓고 간 걸 알고 되돌아와 문이라도 두드렸으면 싶다. 한밤중이라도 잠 못 들면 잠이 안 온다고 전화를 걸어 능청을 떨기라도 하거나. 아니, 서울로 와 같이 살자고 떼를 쓰더라도 어쩔 수 없는 일이다. 아이가 떠난 자리는 여전히 무거움으로 남는다.

아이가 쓰던 방으로 들어가 보았다. 책상 위에는 교과서와 참고서가 수북하다. 각종 시험문제지 더미와 MP3에 쓰이는 건전지. '좁은 문'으로 들어가기 위해 필요했던 통과의례들. 희망의 문을 열기 위해 사들였던 열쇠.

어두운 밤길, 등불을 비쳐주던 여러 날들이 생각난다. 좋은 날도 있었지만 비가 왔고 진눈깨비가 내렸다. 바람이 거칠기도 했다. 남들이 일어나지 않는 새벽에 눈을 뜨고 남들이 자는 시간에도 눈을 붙이지 못했다. 경쟁에서 앞에 서려고 혼자서 고독을 써 내려갔다. 볼펜과 연필로 미로를 헤쳐내야 했다.

암호문을 풀어낼 때마다 받았던 짜증과 스트레스가 책갈피에서 스며 나왔다. 동그라미보다 오답을 냈을 때의 두근거림마저 방안의 공기를 무겁게 한다. 어떤 때는 '이 세상 뭐가 되려고 하느냐.' 며 야단도 여러 번 쳤었는데, 고뇌하며 살을 태운 수많은 밤, 책장을 넘기면서 아이는 세상을 보았을까?

방바닥에도 마구 벗어 던져진 옷가지들이 즐비하다. 어쩐 일인지 평상시 깔끔한 아내마저 치우지 않는다. 그 전에 치우지 않아 야단거리였던 것에서 아이의 살 냄새가 풍긴다.

창문에는 사진 한 장이 붙어 있다. 대학 가기 전에 찍어준 사진이다. 애들은 불안한 마음을 덜어내려 미리 원하는 학교에 가 사진도 찍고 배지까지 사 온다. 이이들의 신앙이다.

서랍은 아이의 작은 세상이다. 웃고 투정을 하고 재잘거리기도 한다. 셋방 살던 어느 봄날, 현관문 앞에서 얼굴에 구두약을 묻혀가며 어줍은 손놀림으로 구두를 닦기도 했지. 콧수염이 송송 난 모습은 어른의 세계로 가기 위한 출사표. 사진을 찍고 나서는 눈초리가 잘못 나왔다고 얼마나 투정을 했던지. 풀밭에서 장난기어린 시선으로 동생을 골려먹던 모습에선 웃음이 나온다. 뒤뚱뒤뚱하는 학창시절이 가고 나면 앞으로 서랍 속에 무엇을 채워가며 살아갈까? 쓰다 남겨진 물건들을 보니 가슴이 뭉클해진다. 소중하다. 아이의 숨결이다.

아내마저 요즘 창 밖을 내다보는 횟수가 많아졌다. 아이 방에서 눈길을 떼지 못한다. 바깥밥이 다 그럴 텐데, 어찌 입맛 도는 거 먹겠냐며 이삼일이 멀다하고 보던 장도 보질 않는다. 앞으로 집 비울 시간이 많은데 그 때는 어이하려고.

비어 있지만 비어 있는 게 아니다. 어떤 때는 비우려 했는데, 비워졌으면 했는데, 지금은 비어 있어도 가득 차 있다. 지나온 초침의 시간들이 가슴을 흔든다. 옆에서 아이가 씨익~웃고 있다.

한동안 방문을 열어두어야 할 것만 같다.

중국 설원

6_ 부족한 것이 아름답다

부족한 것이 아름답다
나도 떠나고 너도 떠나야 하는데
그녀의 결혼식
약속을 지킬 줄 아는 사회
새해 아침에
제야의 종소리가 울려 퍼질 때
긍정적인 삶을 살자
언변술은 미래를 위한 식량
한국 젊은이들의 힘
우표를 사려는 마음
머물 수 없는 공간
어느 간호사의 눈물

부족한 것이 아름답다

옛말에 "남의 떡이 더 커 보인다."라는 말이 있다. 내가 가진 것이 더 좋은 것일지라도 남의 손에 들린 떡이 더 커 보이고 더 맛있게 보이는 것은 무슨 이유에서일까? 그것은 아마도 사람 마음 깊은 곳에 자리하고 있는 욕심이 생겨나서 그럴 것이다. 아무리 남에게 사랑을 베풀고 주변 사람들에게 도움을 주면서 산다고 수백 번씩 다짐을 하지만 막상 현실에 닥치면 그것을 잊어버리고 만다.

욕심은 사람이 한가할 때 생긴다고들 한다. 욕심은 마음의 병이고 사람을 추하게 만들며, 사람들을 어둠의 구렁텅이로 몰고 간다. 내가 갖지 않은 것을 탐내고, 직장에서도 내 위치가 낮으면 윗사람을 비방하고, 세상에서 출세한 사람들을 부정하고 미워하며, 남이 가지고 있는 작은 것조차도 빼앗으려고 몸부림친다. 자기 분수에 맞지 않는 지출을 하여 남에게 뽐내려 하고 자기 자신의 생활수준이나 한 달 동안의 수입을 무시하고 신용카드를 마구 만들어 옷을 사고 술을 마시고 과감하게 새 차를 구입하여 거리를 누비곤 한다. 당장 남의 눈에는 좋게 보일 것이고 주변에서 모두가 자신을 부러워하는 착각에 빠질 것이다. 자신의 헛된 영웅심에 가게와 자기 자신은 메말라 간다는 현실은 모르는 채 말이다.

시간이 많고 할 일이 없는 경우에는 허황한 꿈을 꾸게 마련이고 나아가 헛된 욕심만 갖게 될 것이다. 남는 시간에는 자기 자신의 위치를 부정하고 능력이 되지 않음에도 남의 자리를 탐내기까지 한다. 자기 위치를 아는 사람은 직장이나 가정에서도 자신의 소임을 다하느라 정신이 없다. 사람이 바쁘고 먹고살기 힘들면 자기 일에만 매달리고 딴짓거리를 하지는 않을 것이다. 하루를 열심히 벌어야 내일을 보장받을 수 있는 처지라면 가족들의 딱한 모습이 생각나 한가한 잡념에 시간을 보낼 리는 없을 것이며 허황한 꿈을 좇거나 복권을 사서 떼돈을 벌고자 어디론가 가지는 않을 것이다.

요즘 신용카드 범죄가 부쩍 늘어났다고 한다. 어느 날 신문보도를 보니까 성인 1인당 카드를 평균 3개 정도씩 갖고 있다고 한다. 일정한 수입도 없는 청소년들까지도 신용카드를 몇 개씩 가지고 다닌다. 신용카드 보유수가 많으면 많을수록 그 사람의 능력을 보여주는 듯하다. 신용카드 회사에서는 자기들의 영업실적을 올리려고 언론매체를 통해 카드 광고를 해대고, 거리 가판대건 시장 바닥이건 백화점 할인 마트 등 장소에 구애받지 않고 카드 판매에 열중이다. 청소년들이 카드를 쓸 만한 벌이도 없고 쓸 필요성도 거의 없음에도 회사에서는 기업의 양심을 저버린 채 청소년들을 유혹하여 악의 구렁텅이로 몰아 놓고 있는 것이 현실이다. 요즈음은 그 폐해가 너무 심하여 신용카드 가두판매 금지 및 청소년들에게 카드 판매 제한이 있지만 벌써 이 사회는 악의 꽃들로 물들었다. 지금에 와서 소 잃고 외양간 고치는 격이 되었으니 말이다. 아무런 계획 없이 마구 쓰다보니 월말에 신용카드 사용대금 청구서가 날아오면 처음에는 용돈으로 해결하고 부모님들에게 무슨 수를 써서라고 돈을 타내 갚을 것이지만 그것도 얼마 가지는 못할 것이다. 그러다 카드대금을 못 갚으면 다시 새 카드를 발급 받아 카드 사용료를 이리 저리 대체하고 이러다 보면 카드 빚이 눈덩이처럼 불어나 더 이상의 방법을 찾지 못할 것이다. 결국에는 부정한 방법으로 돈을 구하여야 하는데 남의 카드를 빼앗고, 사람을 해치고, 인터넷에서 채팅을 하여 돈 많은 사람을 꼬여 내 범죄를 저지르게 만든다.

'마음을 비우자' 라는 말을 우리는 즐겨 들어 왔으며 다들 얘기를 하곤 한다. 하지만 이를 실천하는 사람은 그리 많지 않다. 가정에서는 주부들이 한 달의 수입을 고려해 생활 계획대로 생활하고, 직장인은 회사의 꿈을 위하여, 기업인들도 기업인의 양심을 좇아 최소한의 이익으로 최대의 기업 정신을 실천한다면 세상은 지금보다도 한결 밝아질 것이다. 자신의 분수를 알고 자신의 위치가 어디인지를 아는 사람은 세월이 변하여 다른 세상이 온다 할지라도 이 진리를 실천할 것이며 그 작은 소망을 즐길 것이다.

부족한 게 있어서 당장은 불편하고 힘이 들겠지만 참고 견디다보면 그 시절이 즐겁고 행복하였다고 되뇔 것이다. 힘들어도 조금만 참고 견디고, 부족하더라도 부족한 그 자체를 만족할 줄 알면 이는 공자나 재벌財閥도 안 부러울 것이다. 이것이 바로 생활의 발견이요, 세상의 진리인 것이다. 그것은 세상의 그 어느 것하고도 바꿀 수 없는 소중한 재산인 것이다.

(2003. 2. 5. 동양일보 프리즘)

나도 떠나고 너도 떠나야 하는데

第17대 국회의원 선거를 앞에 두고 젊은층의 표심票心을 잡고자 노인층을 싸잡아 비하하는 발언이 문제가 된 적이 있었다. 어느 편을 죽이고 어느 편을 살리려는 의도였는데 전체 노인을 한꺼번에 죽음으로 몰아넣는 천인공노天人共怒할 사건으로 온 나라가 야단법석을 떨었다. 나와는 상관없는 일이라고 체념할 수는 있다지만 나도 얼마 안 가 무대에서 비켜갈 사람이 아닌가. 서러워서 눈물이 앞을 가렸다.

발언의 내용은 이랬다.

'최근에 변화가 왔고 촛불 집회의 중심도 젊은이들이다. 무대도 20~30대 젊은이들의 것이니 그런 의미에서 한 걸음만 더 나아가 생각해보면 60대 이상은 투표를 하지 않아도 된다. 노인들은 미래를 결정할 세대가 이미 지났으니, 무대에서 곧 퇴장해 버릴 세대이니 집에서 쉬어도 된다. 오직 20대, 30대가 미래를 결정할 뿐이다.'

사실의 전모가 밝혀져 사죄를 하는 자리에서도 흉금을 떨어놓지 못했다. 용서를 빌면서도 젊은층을 독려하는 차원에서 한 말이라고 둘러대니 간도 떼어내고 쓸개도 없는 사람이 한 짓이라 여길 수밖에 없다. 아무리 목적을 위해서 수단과 방법을 가리지 않는다 하더라도 할 말이 있고, 하지 말아야 할 말이 있지 않은가. 사리를 판단하지 못하고 망발을 일삼는 것은 금수의 탈을 쓰지 않고서는 도저히 있을 수 없는 처사다. 그렇지 않아도 얼마 전 40대 장남이 치매 및 정신 질환을 앓아온 노모를 낙동강 하구인 부산 을숙도 광장 휴게소에 버려 강에 빠져 죽게 한 비정한 사건을 보고 마음이 상했었는데 사회 지도층에 있는 사람의 망발을 접하곤 울분이 끓어올랐다. 치료비가 부담이 되어 혹은 보험금을 노린 파렴치한 행위도 용서할 수 없는 일인데 사회 지축을 흔들며 노년층의 가슴에 상처를 준 이 '현대판 고려장 사건' 을 어찌 용서하란 말인가. 결국, 여론이 들끓어 사죄를 하였지만, 설사 용서를 빌었다 하더라도 가슴에 남은 상처 자국이 하도 커 어느 세월에 치유될지 모르는 감감한 일이다. 가정을 세우고 일으키는 데에도 가장의 역할이 중요하듯 나라를 이끌어 가는 데에도 지도자의 역량이나 자질을 빼놓을 수 없는 법이다. 중심이 흔들리면, 나라의 주춧돌이 잘못 놓여지면 풍랑을 만난 배처럼 이 나라는 어디로 흘러갈 것인지 생각해 볼 일이다. 궤도를 이탈하는 열차처럼 어디로 곤두박질칠 줄 모르는 눈앞의 현실을 직시해 볼 일이다.

우리 모두 부모를 모시며 살고 있고 웃어른을 통해 배우고 익혀 사회에 나왔다. 지금도 그들에게서 뭔가를 배우고 있다. 아무리 힘없고 소용이 없다 하다 할지라도 그렇게 노인네들을 홀대하고 헌신짝처럼 내다버릴 일만은 아니다. 대한민국의 역사는 노인들의 시야에서 벗어날 수 없지 않은가. 그들의 피와 땀이 결부되지 않은 게 하나도 없다. 갖은 시련을 주었던 굴레의 역사며 IMF의 경제난도 현명하게 대처하고 슬기롭게 헤쳐 내었다. 최근 세계적으로 명성을 날린 올림픽이며 월드컵도 그들의 지혜가 없이는 해낼 수 없었음을 간과할 수 없다. 노인네들이 앞에서 끌고 젊은이들은 뒤에서 밀어올린 덕분이다.

노인네들은 삶의 손때가 묻은 반질반질한 토광의 열쇠를 며느리에게 물려줄 때에도 그냥 물려주지 않는다. 나이가 들었으니 살림살이를 잘할 거라 생각하여 물려주는 게 아니다. 며느리의 솜씨가 거칠거나 씀씀이가 헤프다면 노인장은 목숨이 끊어질 때까지 절대로 열쇠를 쥐고 놓지를 않는다. 그런 그들에게 따뜻한 숭늉 한 그릇 올려 드리지 못할망정 피눈물을 쏟게 하는가. 가슴에 절망을 안기면서까지. 목적을 이룬다 해도 무엇을 얻을 것인가. 아마 잃는 게 더 많을 것이다. 사람은 다 늙어가며 죽는 법이고 말을 한 자신도 늙지 않고는 못 배길 일이다.

얼마 지나지 않아 한 세대를 화려하게 풍미했던 늙은이들의 한 무리가 떠나갈 것이다. 이마나 손등에 가득한 주름살이나 흰 머리카락도 세어보지 못한 채. 계절이 바뀌듯 자연스레 의자를 물려줄 것이다. 자기가 이뤄 놓은 터전에 대한 보상이나 미련은 하나도 없이. 그런 그들을 위해 인근의 야산에 움막을 짓고 지극 정성으로 시묘侍墓살이를 할 수는 없지만 자식들에게 짐이 된다 하여 여행지에다 부모를 버리고 와서야 하겠는가? 고려장하고 돌아갈 아들이 길을 잃지 않도록 나뭇가지를 꺾어 길을 표시하는 노모의 마음도 모르고 갖가지 병명을 붙여 노인 요양 병원에 그들을 가두어서도 안 될 일이다.

마지막 떠나는 길이지만 목숨이 다할 때까지 올해 농사 풍년들어 바리바리 실어다가 노적 쌓아두고 부귀영화 누리며 잘 살라고 비는 노모의 바람을 저버리지 않기 위해서라도 동고동락同苦同樂하며 살던 집을 팔아 버리고 늙은 세대만 남겨두고 훌쩍 떠날 일도 아니고 말이다.

그녀의 결혼식

계절마다 눈부시게 꽃이 피어나고 옥구슬 흐르는 새소리가 들려온다. 살랑거리는 바람마저 코끝을 간질이며 풀잎이 살며시 드러누운 자리엔 감미로운 햇살이 살포시 내려앉는다. 자연이 우리에게 준 크나큰 선물, 마음을 열게 하는 아름다움이다. 그래도 뭔가 부족한 느낌이 드는 건 왜 일까.

거기에 사랑이라는 이름을 더할 수 있다면, 연인들의 따스한 입김과 솜사탕 같은 달콤함이 흘러들게 한다면, 그제야 자연은 완성이 될까. 자연은 더 빛이 나지 않을까. 그러기에 우주 속에 있는 사랑하는 연인들의 표정은 언제나 즐겁다. 마냥 바라보아도 싫증나지 않기에 바라보는 나 또한 그들만큼 행복해진다.

드라마 〈애정의 조건〉에서 내 마음까지 사로잡았던 그녀. 가녀린 몸매, 갸름한 얼굴에 하늘거리는 속눈썹, 그러면서도 나직하게 뱉어내는 사랑의 언어와 포도주 같은 독설. 이러한 것들로 내 가슴속을 쥐어짜

게 해놓곤 매정하게 멀어지려 한다.

시린 가슴을 녹여줄 짝을 찾았으니 붙들 수는 없다. 축하를 해줄 일이다. 군대를 갈 부군을 그리워하면서도 십자수를 놓고 슬픈 음악을 들으며 시어른들을 모시고 산다니 박수를 보낼 일이다. 하지만 한 가지 속상한 게 있다. 이 일로 인해 어쩌면 나뿐만 아니라 여러 사람의 가슴에 상처를 남길 것만 같아서.

그녀의 4월 결혼식. 꽃이 피어나는 5천여 평의 넓은 야외 정원에 크리스털 트리 스탠드를 세우고 이국적인 분위기가 나게 치장을 하고 나면 하객들이 모여들어 행복을 기리며 축복의 노래를 들려준다. 그런 그들을 위해 1인당 8만 원짜리 식사를 대접하고 첫날 밤 단꿈은 88만 원짜리 스위트룸에서. 200여 명의 스태프가 이미 석 달 전부터 결혼식을 준비해 왔으니 얼마나 호화롭겠는가. 한마디로 세기의 결혼식이니 영국의 황태자가 부러워 쫓아오지 않을는지.

그녀가 미워진다. 아니 이렇게 변해버린 세상이 더 밉살스럽다. 지구촌 사람들의 시선은 지금 지진 해일로 곤경에 빠진 남아시아로 향하고 있는데 그들 몫으로 절반만 떼어놓지. 벌이가 마땅치 않아 굶어죽기도 하고 생계형 범죄까지 생겨난다 하는데 그런 그들에게도 조금만 적선을 하지. 한쪽에선 도시락에 넣어 준 반찬거리가 시답지 않아 아우성이고 연탄 한 장이 없어 이불 뒤집어쓰고 겨울을 나고 있는데 그런 사람들 주머니도 좀 만져 보지. 이게 다 부질없는 하소연은 아니어야 할 텐데.

주변이 어떻게 되든 사랑과 정열만 부르짖는다면 흔들리는 지구는 누가 지키란 말인가.

(2005. 1. 25. 중부매일 세정유감)

약속을 지킬 줄 아는 사회

새해가 밝아오면 예술의 전당에서는 매년 '신년음악회'를 열어왔는데 올해에도 약속을 지키지 못한 몇 사람들로 인해 첫 출발이 좋지 않았다. 온다고 다짐까지 했던 사회 각계 지도층 인사 60명이 약속을 어기는 바람에 공연을 보고 싶어 찾아온 사람들은 좌석이 남아돌아도 발을 동동 굴러야 했다. 어디 이것뿐이겠는가. 공연을 하겠다고 해놓고 아예 공연을 취소해버리거나 초청가수가 시간을 못 맞추거나 아예 나타나지 않아 곤혹을 치렀다는 소식도 들어야 했다.

우리 사회는 약속을 지키면 바보 취급을 받는 분위기가 만연해 있다. 약속된 시간보다 미리 나가면 내가 아쉬워서 그럴 거라며 한 수 접고 들어가고, 연인끼리도 정해진 시간보다 늦게 나가야 자존심이 선다 한다. 늦게 도착한다 하여 자기 가치가 올라가는 것도 아닌데 말이다. 오죽하면 '코리안 타임'이라는 신조어가 생겨 외국사람들에게 놀림을 받고 있는가.

중국 초나라 때에 무장武將 계포가 있었는데 계포가 한번 승낙한 일이면 꼭 실행하고 약속을 철저히 지켰다는 계포일낙季布一諾 고사가 우리에게 교훈을 던져준다. 계포는 동생들보다 재능이 떨어져 항상 열등의식이 있었지만 한 가지라도 잘할 수 있다는 것을 보여 주기위해 평범하지만 '약속은 지킨다' 는 신념을 가지게 되었다. 계포가 12세 때 이웃 친구들과 근지라는 연못을 헤엄쳐 건너기로 약속을 하였는데 폭우가 쏟아져 친구들이 나오지 않았음에도 약속은 지켜야 한다는 생각에 돌 제방이 무너져 내리는 연못을 위험을 무릅쓰고 건너갔다. 그때 친구들은 제방이 무너질까 걱정이 되어 구경삼아 연못으로 나와 봤는데 위험을 무릅쓰고 헤엄쳐 건너오는 계포를 보게 되었다. 이 광경을 보고 놀란 친구들은 '계포는 약속을 잘 지키는 사람' 이라고 온 동네에 소문을 퍼뜨렸다. 그 후에도 계포가 사는 마을 가까운 산으로 도둑이 도망쳐 온 것을 동생과 합심하여 잡아냈는데, 실은 사면초가에 처한 도적이 칼로 자결을 하였음에도 동네사람들은 계포가 약속하면 어떤 일이건 다 해결된다고 믿게 되었다.

이렇듯 우리도 서로에게 믿음을 주고 신뢰하는 사회가 되어야 한다. 어떠한 사정으로 약속 장소에 늦거나 지키지 못할 상황이라면 반드시 상대방도 그 사정을 알게 해야 한다. 약속을 생활화 하는 그런 사회. 약속은 그 사람의 얼굴과도 같으며 사회적 평판의 잣대가 된다. 자기에게 이익이 없다고 쉽사리 약속을 포기해 버리는 사람에게 어떻게 일을 맡기겠는가.

약속을 어기는 사람은 깨진 거울에 자기 모습을 비쳐보는 것과 무엇이 다르리.

(2005. 1. 11. 중부매일 세정유감)

새해 아침에

새해가 밝아오면 너나 할 것 없이 마음이 차분해집니다. 바른 길을 걷지 못하였던 사람도 이때만큼은 성직자처럼 하늘을 품고 바다를 그리워하는 시인이 됩니다. 다들 마음을 다잡으며 새로운 각오를 합니다. 지난 해 남긴 얼룩이나 오점이 있어도 너그럽게 관용하며 미래의 희망을 가슴속에 새깁니다. 제야의 종소리가 들리는 현장에서 가족들의 어깨를 감싸며 목도리를 둘러주기도 하고 집이 갑갑하면 산이나 바다로 나가 주먹을 불끈 쥐며 미래의 에너지를 충전합니다. 업무용 수첩을 봐도 그것을 알 수 있습니다. 써놓은 글씨에 힘이 들어가 있고 새로운 다짐과 꿈에 부푼 희망으로 여백이 남아 있지 않습니다.

하지만 그러한 다짐을 매번 되풀이하지만 한 해가 가고 나면 남는 것이 별로 없습니다. 끈적거리는 감동은 어디로 갔는지 쌉싸래한 눈물 맛만 납니다. 후회와 아쉬움으로 몸 움츠려들고 얼굴 들기 부끄러워 연말에 기울인 술잔은 연초의 배가 넘습니다.

그렇게 된 것은 세상 탓도 있지만 내 잘못이 더 크기 때문입니다. 아니, 다 내 탓입니다. 불행은 잘못 보낸 시간의 보복이거늘, 그걸 알지 못해 탈이 난 겁니다. 시간은 곧 인생이라 하는데 남의 눈을 의식해 무리하게 인생 설계를 했기 때문입니다. 줄기가 무성하고 모양새도 번듯한 화초를 들여놓고도 가꾸는 법을 배우지 않아 꽃을 피워내지 못했습니다. 좋은 거택을 손에 쥐었어도 허영심과 이기심으로 가득 찬 쭉정이만 수북하게 쌓아 놓고 있었습니다.

사실 미래는 불확실하거니와 보이지도 않아 마음에 담은 소망을 이룰까 막연하긴 합니다. 걱정도 앞서고요. 하지만 마음먹기에 달려 있다고 봅니다. 아침마다 뜨는 태양이지만 같다고 보지 않고요. 업무용 수첩 첫 쪽에 기록을 남길 때의 마음을 이어간다면 2월이 가고 12월을 맞더라도 여백이 남아돌지 않을 겁니다. 아무리 좋은 계획인들 작심삼일하면 물거품이 되게 마련이고 자기 성찰을 하지 않는다면 사상누각이니까.

그래서 올 한 해는 번드레한 물질문명이나 갖은 유혹을 견뎌내기 위해서라도 분에 넘치지 않는 주머니 속의 꿈만 만지작거릴 겁니다. '그 일' 을 할 수 있다고, '그 꿈' 을 반드시 이루겠다고 다짐하고 격려하면서 자기 체면을 걸어보려 합니다. 달려가는 데만 급급하지 않고 지나온 길을 뒤돌아보는 여유도 가지렵니다. 그렇게 하고 나서도 후회하는 일이 생기겠지만 그땐 한결 마음이 가벼워지겠지요.

(2005. 1. 4. 중부매일 세정유감)

제야의 종소리가 울려 퍼질 때

제야의 종소리가 울려 퍼지는 광장. 고요에 휩싸인 밤하늘엔 새로움을 열려는 기운들이 가득하다. 다가오는 세상을 앞에 두고 희망을 나누며 사랑을 노래한다. 누가 권유하지 않아도 찾아드는, 어느 누구의 눈길도 의식하지 않는 자연스러움의 물결이다. 다가올 세상에 대한 동경심과 기대감에 부풀어 서로가 까치발을 떼는 마음이지만 무거운 현실을 건져 올리고도 남을 만큼 힘이 넘쳐난다.

이 순간만큼은 갓 피어난 이파리의 새순이 되어 서로에게 다가가는 시간들이다. 삶의 먼지 속에서 찌들었던 마음도 열리는 시간이다. 이 시간만큼은 시끄러움이나 무질서도 사라지고 혼돈의 물결이나 어질러진 세월의 조각도 발붙이질 못한다. 또한 가식도 허용되질 않을 것이며 거짓이나 위선도 자리할 수 없다.

여기에 모인 사람들은 앞날에 대한 기대감과 설렘을 안고 가족과 연인들의 행복과 평안함을 기도하고 국태민안國泰民安과 세계평화를 기원하기도 한다. 주변을 돌아보면 낯선 얼굴일지라도 서로 어깨를 나누고 새로운 도전에 힘을 보태려 너도나도 손길을 준다. 이 때까지 세상을 살면서 보잘것없는 삶의 흔적에 몸서리 쳤더라도 이 순간만은 어린애가 되어 꿈과 사랑을 다시 수놓는다. 흰색 도화지에 사랑과 믿음과 소망을 밑그림하고 그 위에 연분홍빛 꿈을 담아 온 누리에 흩뿌린다.

어둠과 질곡桎梏의 시간을 뒤로하고 혼란과 좌충우돌의 역사를 가리려 초침이 줄달음친다. 허용되지 않는 소유와 분별없는 자유를 되돌려놓고, 도덕과 양심의 타락으로 쓰임을 알지 못하는 소인배들의 두꺼운 뱃가죽을 줄이기 위해 계미년의 시간이 자리를 내주고 있다.

새로운 세상이 열리어 먼 미래로 질주하는 시간, 지난날의 어두웠던 그늘도 사라져 갈 것이니 너무 마음 졸이며 살지도 말자. 황무지 같은 가슴에도 오아시스의 꿀이 찾아들 테니 좌절하거나 쉽게 포기하지도 말자. 내가 사는 주변 돌아보지 못하고 베풀지 못했다고 미안해 하지도 말 것이며, 세상에 나와 뭐라도 할 것 같은 자기 자신을 제대로 살피지 못했다고 질책하거나 부끄러워하지도 말자.

새로운 태양의 힘이 전해지는 시간 앞에 서 있으니, 그동안 배고픔에 목말라 했고 찌든 얼굴에 분가루 대신 밀가루를 발라야 했던 서러움의 눈물도 이제는 없다. 빗물에 잠기고 얼음이 박힌 방에서 시름하던 사람들에게서도 웃음이 솟아난다. 세상의 모진 풍파와 거친 숨결에 신음하며 떠돌던 배에도 올이 굵은 순항의 돛이 올려질 것이다. 상생上生과 공존共存만이 살길이기에, 있는 사람은 그 소용을 알고 나눔도 알 게 될 것이며, 부족한 사람은 부족함을 느끼면서도 부족한 곳을 찾을 것이다.

희망의 나라를 위해, 내일의 태양을 위하여, 위에 있어도 아래를 내려다보지 말고, 아래에 있더라도 위가 있음을 알자. 있어도 있음을 자랑 말고 없어도 없음을 용서하자.

(2004. 1. 6. 충북일보)

긍정적인 삶을 살자

매일 신문에서는 '오늘의 운세' 라 하여 띠별로 하루 일상을 점쳐 볼 수 있도록 안내를 하고 있다. 얼마나 많은 사람들이 '오늘의 운세' 를 보며 하루의 삶을 예약할지 모르지만, 짧은 시간 동안의 그릇된 판단으로 하루의 일정이 엉망으로 꼬인다면 얼마나 불행한 일인가? 아침마다 자신의 천금 같은 시간을 '보이지 않는 신神' 의 손에 올려놓고 저울질하며 하루를 시작하는 운세 중독증에 걸린 사람들을 종종 보게 되는데, 나는 그러한 믿음을 갖고 사는 그들의 삶이 결코 보통 사람들과 다르다고는 생각하지 않는다.

운세를 좋아하는 사람들은 그 날의 운세에 따라 하루의 결과를 미리 점쳐 보기도 하고 그 점괘에 따라 행동하게 될 것이다. 요즘 유행하는 복권을 사거나 운동 시합을 해도 '운세 공식' 을 적용함은 물론이고, 여행을 할 때에도 운이 좋은 날만 택하여 움직일 것이다. 누구나 쉽게 처리할 수 있는 손쉬운 일도 그냥 처리하지 못하고 엄마 품에서 맴도는 '마마보이' 처럼 그 날의 운세에 따라 '하고 안하고' 를 결정할지도 모른다. 그들이 하루 일을 무사히 마치고 나면 운이 좋았다고 말하며 미소 띤 얼굴을 보이겠지만, 다가올 앞날에 대한 불안과 걱정은 여전히 마음속에 남아 있을 거라고 생각되어 진다.

물론, 요즘처럼 대내외적으로 불안한 시기에는 '오늘의 운세' 를 살피려는 사람들이 더 늘어날 것이다. 세계 곳곳에서는 테러가 성행하여 사람들의 삶은 움츠려들고, 중동 지역에서는 폭풍의 전야처럼 연일 전쟁의 기운이 감돌고 있다. 국내에서도 홍수나 폭설로 사람들의 삶이 위협받고 있으며, 엉뚱한 인간들의 몰지각하고 부주의한 행동은, 곳곳에서 건물 및 다리를 주저앉히고 그 무거운 지하철까지 불 속에 집어던져 넣고 있다. 아침에 일어나면 "나는 유명한 사람이 되어 있었다." 라는 사람들의 기쁜 소식을 접하기보다는 멀쩡한 사람들이 제명命을 다하지 못하고 저 세상으로 가버렸다 하는 슬픈 소식들만 접하고 사니 말이다. 그래서 사람들은 한 치 앞도 예견할 수 없는 살얼음판 같은 현실에서 불안한 맘을 달래려고 하루하루를 점에 의지하면서 사는지도 모르겠다.

또한 사람들 모두 실패에 대한 경험이 있게 마련인데 실패가 반복되다 보면 모든 일이나 도전에 자신감을 잃게 되어 자신에게 또다시 좋은 기회가 오더라도 쉽사리 덤벼들지 못하고 그 기회를 포기하기도 한다. 그래서 사람들은 어떤 일을 시작하려 할 때 실패에 대한 두려움을 해소하려고 예전에 자신이 성공했을 때의 경험이나 좋은 추억을 떠올리려고 하지만, 머릿속에는 좋은 순간의 기억들은 온데간데없고 그 자리엔 나쁜 추억과 실패한 경험들만이 자리하고 있다는 사실에 놀라움을 금치 못할 것이다. 당시의 옷차림이나 몸짓은 물론, 주변의 모든 풍경들까지 쓰라린 경험에 복합되어 자신에게 다가오고 있으니 말이다. 모든 일에 자신감을 잃게 되면 다가오는 미래에 대해서도 항상 부정적인 생각을 하게 되는데, 그것이 쌓이다 보면 부정적인 생각은 곧 마음의 병으로 변해 자신들을 괴롭힐지 모르는데도 사람들은 그 나쁜 현상을 지워 버리려 하지 않는다.

우리 모두 불안에서 벗어나려면 부정적인 기억을 떨쳐버리고 자기가 이룬 것, 성공한 것 등 긍정적이고 좋은 것만 기억하게 하는 긍정적 사고가 필요하다고 생각된다. 또한, 그동안에 이룩한 것을 그냥 지나치지 말고 성공의 순간들을 항상 되새기며 살아간다면, 지금까지 자신이 느껴보지 못한 삶의 기쁨과 희열도 맛보게 될 것이다. 매일 다가오는 하루하루의 생활도 활력이 넘쳐흐르게 될 것이고, 항상 적극적이며 자신감 있게 모든 일을 처리해 나갈 것이다. 혹시 자기 자신에게 힘들거나 어려운 일이 닥치더라도 언제나 긍정적으로 바라보며 슬기롭게 일을 해결해 나갈 수 있을 것이다.

우리 모두 인생의 문지기가 되는 맑고 투명하고 맑은 마음의 창을 만들어 현관에 걸어두자.

(2003. 4. 15. 동양일보)

언변술은 미래를 위한 식량

한국 사람들은 '에헴' 하며 수염을 쓸어내리는 유교적인 전통 사회를 살아왔다. 밥을 먹는 즐거운 자리에서조차 말 한마디 안 하는 것을 예의범절이라 배워왔기에 대부분 숫기가 없어 남 앞에 나서기를 싫어한다. 그러한 토양 위에서 생활한 우리는 '말하는 것' 보다 '듣는' 문화에 익숙해져 어떤 주제를 정해주고 토론을 하라 해도 꿀 먹은 벙어리가 되기 일쑤이다. 오죽하면 사회를 보는 사람이 말할 사람을 일일이 지명해 줘야 마지못해 말을 하는 촌극을 벌이니 말이다. 지명되어 발언권이 주어지더라도 속에 있는 얘기를 다 하지 못하고 부끄러워 얼굴 붉히며 자리에 주저앉아 버린다. 그러다 여러 사람이 지명되어 말문이 뜨이면 다들 언제 그랬냐는 듯 태도를 바꾼다. 서로 먼저 얘기를 하려 하고, 누구보다 많은 시간을 차지하려고 아우성이다. 우리나라 사람들은 처음 나서기가 어렵지 한번 나서면 말리지 못할 정도로 기세가 등등해진다. 이러한 것이 우리 민족의 토론 문화요, 한국인들의 기질이라 할 수 있다.

남 앞에 서서 의견을 말하는 자리는 내게 있어서도 가장 어려운 일 중의 하나이다. 무언가를 발표하고 내 소견을 제대로 말하려면 많은 수양을 쌓아야 하는데 그게 어디 쉬운 일인가. 또한 그러한 바탕이 갖춰져 있다손 치더라도 머리 속에 담아 놓은 지식을 꺼내는 기술, 즉 표현력이나 호소력을 갖추고 있지 않다면 지식은 녹슬게 되고 빛을 잃게 마련이다. 아무리 훌륭한 지혜와 지식을 갖춘 사람일지라도 머리 속에 있는 그것을 바깥으로 끄집어내는 솜씨가 없다면 얼마나 안타까운 일이겠는가.

"칼보다 무서운 게 말"이라 하였고, "말 한마디로 천 냥 빚을 갚는다."고 하지 않았는가. 대화란 하나의 기술이요, 예술이다. 대화는 말하는 사람의 품격과 인격을 나타내며 자신은 물론 주위 사람들에게도 많은 영향을 끼친다. 예전부터 여성이 시집올 때 갖춰야 할 덕목으로 어른들은 맵시, 솜씨, 마음씨, 말씨 네 가지를 말하였다. 그만큼 말은 누구에게나 중요하게 여겨져 왔다.

어떤 말을 어떻게 하느냐에 따라 대인관계가 완전히 달라질 수 있으니 말하는 습관을 살피고 끊임없이 훈련하고 노력하여야 할 것이다. 좋아하는 상대방에게 마음을 표현하지 못하면 그것만큼 후회되는 일은 없을 것이다. 그 사람과의 관계 또한 서먹해질 것이다. 또한 잘못을 용서받고 싶을 때에도 상대방에게 적절한 언어를 사용하지 못해 오해가 생긴다면 그것 또한 가슴 아픈 일이다.

가정이나 직장에서 그 구성원들을 껴안고 감싸 안으려면 돈과 사랑이 필요할 테고, 건강을 유지하기 위해서는 좋은 공기 마시며 산도 오르고 근육에 힘줄을 키워야 할 것이요, 군중들을 이끌고 지배하기 위해서는 권력도 필요하겠지만, 그러한 것을 지속시키고 부드럽게 융화시키려면 말솜씨가 있어야 한다고 생각되어진다. 부富와 재산, 건강이나 권력이 세상을 살아가는 데 필요한 '뼈'와 '근육'이라면, 사람을 다루는 언변술은 인체 조직에 없어서는 아니 될 '탄수화물'이나 '단백질'이라 할 수 있다. 사람의 몸을 정상적으로 지탱하려면 음식물이 인체에 골고루 흡수되도록 그 양과 주입 시기를 조절하고 필수 영양분과 아미노산을 적당히 공급해 주어야 하는 것처럼, 남 앞에서 청중을 흔들어 대고 눈물을 흘리게 하며 사람을 감동시키려면 미리 준비하고 배워 둔 언변술을 때와 장소에 맞게 적절히 사용하여야 할 것이다. 언변술은 청량제 역할을 할 것이다.

어느 날 갑자기 유명해져 남 앞에 서는 자리에서 당황하지 않으려면, 그게 아니라도 너와 나의 따뜻한 사랑을 나누기 위해서라도 언변술은 인생의 길에서 반드시 준비해놔야 할 미래의 식량이다.

(2003. 5. 13. 충북일보)

한국 젊은이들의 힘

요즘 젊은 세대들은 음식을 먹어도 화학재료나 인공 첨가물이 들어가지 않은 유기농법으로 재배한 농산물만을 고집하고 우유 한잔을 마시더라도 젖소가 풀을 뜯고 있는 목장을 직접 확인하는 극성스러운 삶을 산다. 음식을 아무거나 가리지 않고 배불리 먹을 것만이라도 있었으면 하는 기성세대와는 달리 '하나를 먹더라도 좋은 것만을 골라서 가려먹자' 는 것이 또한 그들만의 사고방식이다.

인터넷으로 문화 홍수를 이루는 정보화 바다에 살면서 그들은 힘들여서 무엇을 얻으려고 하기보다는 손가락 하나만을 움직여서 모든 것을 해결하려고 한다. 그러한 세태에 세상은 점점 더 각박해져 인심은 메말라가고 사회 구성원간의 개인화個人化가 심화되어 서로가 빈틈을 내어 주려고 하지 않는다.

누군가와 같이 앉아 있어도 마음이 놓이지 않아 어딘지 어색한 기분이 드는가 하면 그 자리마저 불편하게 여겨지기까지 한다. 가난한 민족의 배고픔이 아직도 우리 주변에 남아 있어서인지, 아니면 서로가 서로를 믿지 못하는 불신의 골이 깊어서인지 가까운 만남을 나누는 친구나 직장 동료들 간에도 마음을 언제나 닫아 놓고 있기에 진정한 믿음을 얻을 수 없음은 물론 대화를 나누면서도 따뜻함을 느끼지 못할 때가 많다.

서로가 보이지 않는 마음의 장벽을 쳐놓고 경계하며 시기하고 상대방의 약점까지 찾아내려고 무던히 애를 쓴다. 자신의 출세가도出世街道를 위해서는 상대방을 떠보기도 하고, 없는 말을 지어내어 주변에 흘리는가 하면 마음에도 없는 술잔을 권하면서 상대방의 깊고 깊은 내면內面까지 파고든다. 온갖 수단을 동원해 상대방의 약점이나 비위 사실을 알아내면 무인도에서 구조선救助船을 만난 듯이 기뻐한다. 전쟁터에서 수많은 시련을 딛고 승리한 개선장군처럼 어깨가 양양해진다.

의학의 발달과 선진국의 고도 문명이 들어오면서 우리 사회도 노인층의 고령화로 '실버 세대'가 늘어가는 상황에서 사회 구조의 모순과 혼돈의 물결 속에서 갈등하며, 젊은 세대들에게 쉽게 다가갈 수 있는 틈을 주지 않는 현실에 기성세대들은 더더욱 슬퍼진다. 유교 사상에 물들어 교육을 받은 기성세대들의 생각이 고루固陋하다고 여겨질지 모르지만 인터넷 세대들의 얄팍한 우정과 가볍고 신중하지 못한 행태行態에 기성세대들은 살얼음판을 걷는 기분이다.

그렇다고 그들의 세대가 전부 부정적이며 현실을 외면하고 무시하는 것만은 아니다. 지난여름 6월의 붉은 물결을 우리는 보지 않았는가? '광장의 문화' 역사를 새로 쓴 그 도도滔滔한 물결과 함성이 아직까지도 우리들 가슴속에 남아서 잔잔한 파문을 일게 하고 있다. 광화문 네거리에서 한국의 젊은이들이 보여준 세계를 놀라게 한 그 물결은 조용하면서도 은은하지만 그 누구도 막을 수 없는 거대한 힘이 있었다. 세계를 여는 한국인의 길이었다.

미군 장갑차에 치여 장미꽃 14송이와 쪽지 편지를 가방에 넣어둔 채 슬프디슬픈 꽃망울로 스러져 간 두 소녀의 죽음에 대한 촛불 추모 행렬도 인터넷 세대인 젊은 그들이 해내지 않았는가 말이다. 누구 하나 나서지 않을 때 외부적인 압박과 힘의 논리에 맞서지 못하고 눈치만 보던 기성세대와는 달리 젊은이들은 조용히 침묵하면서도 과감하게 그 일을 해냈던 것이다.

한국의 젊은이들은 정말로 '큰 일'을 낼 것이다. 아무도 모르지만, 지금 세계를 깜짝 놀라게 할 일을 또다시 준비하고 있는지도.

(2003. 3. 10. 동양일보)

우표를 사려는 마음

요즘 언론 매체에서는 독도 우표 발행에 대한 얘기가 끊이질 않고 있다. 우표 발행이 뉴스로 이슈화되는 것도 논란거리지만 더 큰 문제는 통신 수단의 매개체로 작용하는 우표조차도 마음 편하게 발행하지 못하는 데 있다. 독도와 관련된 우표를 발행한 것이 이번이 세 번째인데 1954년 9월 독도를 전경으로 3종의 우표를 발행한 것을 시작으로 월드컵이 열린 2002년에도 1종이 발행되었다

올해에는 괭이갈매기, 슴새, 갯메꽃, 왕해국 등 독도의 동식물을 배경으로 4종 56만 장의 우표를 발행하였는데 우체국 업무가 시작된 지 불과 2 시간이 채 안되어 매진 사태가 벌어졌다 하니 이만한 소용돌이가 또 어디에 있겠는가. 대도시는 물론 시골 지역 우체국까지 우표를 사려는 사람들로 아침부터 장사진을 이루면서. 아마 우표를 구하지 못한 사람들은 우표에 마음을 뺏겨 하루 종일 일이 손에 잡히지 않았을지도 모른다.

하지만 이번만큼 한·일 양국 간에 논란이 된 적이 있었을까? 역사적인 사실을 왜곡하여 교과서를 발행하거나 신사 참배 문제로 속을 긁어 놓고 인상을 찌푸리게 한 게 적지 않았는데 그것도 모자라 이번에 또다시 독도에 관한 우표 발행까지 간섭을 하고 있으니.

일본이 그렇게 독도에 관심을 갖는 데는 그만한 이유가 있는 게 아닐까? 수려한 자연 환경과 때 묻지 않은 관광자원은 물론, 해저海底에 묻힌 심층수深層水와 천연가스층도 탐이 날 테고, 지형상 군사적 요충지로도 독도를 빼놓을 수 없으니 말이다.

금번 일본 외상의 독도 망언으로 불거진 우표 발행에 대한 논쟁은 다른 나라 사람들에겐 웃음거리로 비쳐지겠지만 당사자인 대한민국 입장에선 어이가 없을 뿐더러 부끄러운 일이 아닐 수 없다. 그냥 웃어넘길 수도 없는 일이거니와 일본 사람들이 이번 일에 왜 그리 깊숙이 끼어드는지 생각하지 않을 수 없다.

하지만 국민들은 이번 일을 그냥 넘기거나 소홀히 하지 않고 있다. 벌써 전국적으로 온라인 오프라인 할 것 없이 '독도 지키기' 운동이 벌어지고 있고, 일부 지역에서는 일본 규탄 대회가 열리는가 하면 한 인터넷 사이트에서는 국민들이 장기적으로 독도에 대한 관심을 갖도록 하기 위해 '독도 사이버 주소 갖기' 캠페인을 벌이기도 한다. 거기에 우표를 통해 솟아오르는 애국의 물결까지 합쳐지니 그 열기는 2002월드컵을 보는 것과 다를 게 없다.

우표를 사려는 마음에서 알 수 있듯이 전국적으로 몰아치고 있는 독도에 관한 관심과 사랑의 물결은 단시간에 그치지 않고 지속될 것이다. 나라 사랑의 띠도 고사리손부터 나이가 지긋한 8·15 세대까지 전 국민의 따뜻한 손으로 이어질 것이다. 내친김에 국가에 대한 위상과 자긍심을 높일 수 있는 계기가 되어야 하며, 살아 숨쉬는 역사를 만들도록 눈을 크게 떠야 할 것이다. 은근과 끈기가 있는 대한민국의 역사는 4㎝짜리 우표 조각같이 짧지는 않으니까.

(2004. 1. 26. 충북일보)

머물 수 없는 공간

도로에서 정지선 단속이 시작된 지도 한 달이 넘어가고 있다. 계도와 홍보 기간을 거쳐 6월부터 단속이 시작되었는데 다행히도 대부분의 운전자들이 정지선을 잘 지키고 있다. 물론 처음에는 홍보가 되질 않거나 잘못된 운전 습관으로 조그마한 시비가 일기도 하였다. 그전 같으면 신호등을 무시하고 달리거나 먼저 가려고 횡단보도를 다 점령하던 사람들조차도 횡단보도에서 아예 1m 이상 뒤로 물러나서 신호를 기다리는가 하면, 어쩌다 정지선을 넘으면 눈치를 봐가며 뒤로 슬금슬금 차를 물리며 주변 사람들에게 미안한 표정을 짓기도 한다. 그러한 노력들이 이어져 '안전띠 착용', '주행 중 핸드폰 통화 안하기'에 이어 실시된 이번 '정지선 단속' 교통 정책도 운전자들의 협조 속에 빠른 시일 안에 정착되리라 믿는다. 교통질서를 지키려 노력하는 운전자들이 많아졌고 성숙된 시민의식으로 서로 양보하려는 손짓들을 자주 보게 되니 이제 우리 국민들도 교통 선진국으로 가고 있다는 자부심을 갖게 하기도 한다.

하지만 짚고 넘어갈 대목도 있다. 정지선을 지킴으로서 교통사고가 줄어들어 인명과 재산 피해를 줄이고 시민들도 편안한 마음으로 횡단보도를 건널 수 있긴 하지만 교통 신호체계를 개선하지 않았다는 점이다. 얼마 전에는 횡단보도를 통과할 때 신호를 무시해가며 날뛰는 무법자들을 막기 위해 과속 단속 카메라를 설치해 놓았다. 과속도 과속이지만 이번에는 또 정지선 위반 그물을 또 쳐놨기 때문에 빠져 나갈 수 없는 미로이며 머물 수 없는 공간이 되어 버렸다. 범칙금이 무서워 신호를 지키면 목숨이 위태롭고, 신호를 무시하면 남들의 따가운 눈총을 피할 수 없으니 말이다.

나라고 예외일 수는 없다. 녹색 신호가 끊기고 들어오는 노랑 신호가 너무나 짧기에 정지선을 위반한 게 여러 번이다. 물론 횡단보도를 통과할 때는 속도를 줄여가며 운전하지만 언제 녹색 신호가 끝나려는지도 모르고 교통 흐름을 유지해 줘야 뒤 차량 운전자에게 방해가 되지 않기에 속도를 줄여야 할지 유지해야 할지 고민이 이만저만이 아니다. 얼마 전 주말에도 정지선을 지키려다 봉변을 당할 뻔한 적이 있었다. 볼일을 마치고 음성에서 청주방면으로 주행을 하던 중 내 차량은 녹색신호가 끝나고 노랑불이 들어와 신호에 멈춰서는 순간, 내 뒤를 바짝 따라오던 차량은 속도를 이기지 못하여 내 차를 들이박는 상황이었다. 엉겁결에 달려오는 차량을 피하기 위해 빨강 신호를 무시하고 앞으로 나아가 위기를 모면했지만 통과하면서도 그 순간 신호 위반 범칙금이 생각하는 것은 나만 아니라는 생각이 든다.

사고 위험을 줄이고 교통질서 수준을 지금보다 한 단계 더 끌어올리기 위해서는 점진적으로 신호체계의 개편이 요구된다. 교통 선진국으로 가는 시간을 줄이기 위해서라도. 사람들이 횡단보도를 통과할 때 녹색 점멸등을 설치하여 시간이 다되었음을 미리 예견할 수 있도록 한 것처럼 차선에 설치된 신호등도 점멸등으로 바꿨으면 한다. 물론 많은 예산을 필요로 하겠지만 언젠가는 해야 할 일이기에. 당장 그것이 어렵다면 빨강 신호 전에 들어오는 노랑 신호 시간을 길게 하는 거다. 사고를 몇 갑절 줄일 수 있으리라는 판단이 선다. 하긴 이것보다 더 시급한 것은 몸에 밴 운전자들의 나쁜 운전 습관을 스스로 바꾸는 거다. 교통 신호를 지키고 앞차와의 간격도 유지하면서 여유있는 마음으로 명랑운전을 하는 일 말이다.

(2004. 8. 31. KBS1라디오 '황현선의 생방송 오늘'『시민칼럼』낭독 방송, 2004. 12. 월간신호등 12월호)

어느 간호사의 눈물

직장의 이미지는 그 직장의 최고 책임자, 아니, 민원인을 대하는 담당 공무원에 의해서만 만들어지는 것은 아니다. 구성원 모두의 눈길과 손길이 모여서 결정結晶으로 굳어지는 것이다.

하나만 잘해서도 아니다. 어느 하나가 비뚤어지거나 눈살을 찌푸리게 하는 행동을 해도 직장의 이미지는 금세 실추되고 만다. '자고 일어나니 유명해져 있더라' 가 아닌, 식은 죽을 먹을 처지처럼 하루아침에 어깨에 힘이 빠질 수도 있다. 모난 바위가 손에 안겨 교감을 주는 반질반질한 자갈이 되려면 오랜 시간의 풍화작용을 거쳐야 한다. 직장의 이미지도 오랜 시간을 두고 만들어가는 것이다.

현대사회 행정의 역할 및 목적은 공익을 증진시키는 데 있다. 그 중심엔 시민이 있다. 사회가 복잡 다변화하면 그들의 요구와 주장은 거세지고 다양해지는데, 요즘엔, 그들이 평가까지 하려고 나서지 않는가. 그런데도 고객 감동은 그러한 변화를 따라잡지 못하고 있다. 현대

행정이 짊어진 숙제이기도 하다. '공무원 사회는 정년이 보장되어 안심해도 돼.' 하면, 얕은 생각이다. 오죽하면 일반 회사나 백화점에서 출발한 고객 감동 서비스에 대한 실천 노력이 군대까지 이어지고 있는가. 수많은 언론매체와 교육의 장場에서 그렇게 들떠있는 것은 한마디로 '살아남기' 위함이다.

얼마 전까지 모 병원에서 자주 마주했던 '예쁜 공주' 얘기를 하려고 한다. 내가 아닌 아버지가 그녀에게 붙여준 별칭이다. 그녀는 호칭에 걸맞은 팔등신의 미모를 가지지도 않았다. 몸이 가냘프고 키도 작으며 거기에 얼굴까지 반반하지 않아 '어떻게 시집을 갔을까.' 할 정도로 의구심이 드는 체형을 가진 간호사이다. 그렇지만 마음은 바다를 닮았다. 작은 돛단배로 모든 풍랑風浪을 받아냈다.

하루에도 수십 명씩 환자가 들락거리니 마치 먼지를 털어내듯 그 순간을 처리하고, 뺑뺑이 돌리듯 환자를 다른 간호사에게 맡기거나, 환자나 가족들의 요구와 바람을 못 본 척하고 무시했다면, '예쁜 공주'라는 칭호는 어림도 없다.

급한 상황이거나 링거액이 떨어져 청을 넣어도 컴퓨터를 두드리고 음악에 빠져 무관심하거나, 로봇처럼 병실을 순회하며 기계적으로 혈압을 재고 대충대충 진맥을 했다면, 아버지의 얼굴에 웃음꽃이 피어났을까?

나날이 악화하는 증상에 병실이 떠나가듯 고통을 호소하고 가래를 토해내고 오줌을 지려도 '귀찮으니 저리 좀 가주세요.' 라는 표정이나 느낌도 보이지 않았으며, '왜 조심하지 못하고 칠칠치 못하느냐.' 라고 퉁명스럽거나 냉담하게 대하지 않았기에 딸처럼 대견스러운 사랑을 받은 것이다. 내게까지 자랑을 하실 정도이니.

힘든 교대 근무지만 여러 병실을 돌며, 젖은 것, 궂은 것, 마른 것 가리지 않고 뜨거운 숨결 불어 넣은 공주. 모든 환자에게 정성과 따스함으로 간호했음은 분명하다. 작지만 작지 않았고, 잠시였지만 너무나 긴 뜨거움이었다.

그녀는 아버지가 운명하신 순간에 눈물을 보이고 말았다. 한 달 전에 같은 병으로 떠나가신 친정아버지가 생각나기도 하겠지만, 오도카니 선 채 한동안 병실을 나가지 못했다.

유독 왜 그녀만 생각이 나는 걸까?

(2006. 11. 17. 충북일보)

임형묵 수필집

물소리 사람 사는 소리

초판인쇄 | 2007년 5월 25일
초판발행 | 2007년 6월 5일

지 은 이 | 임 형 묵
펴 낸 이 | 서 정 환
펴 낸 곳 | 수필과비평사

주 소 | 서울시 종로구 익선동 30-6
운현신화타워 빌딩 2층 208호
전 화 | (02)3675-5633, (063)275-4000
등 록 | 1984년 8월 17일 제28호
홈페이지 | http://www.shinapress.com
e-mail | essay321@hanmail.net

값 8,500원

ISBN 978-89-5925-224-4 03810

*이 책은 충청북도 문화예술 진흥기금 일부를 지원받아 발간되었습니다.